忘我思考

一生ものの「問う技術」

伊藤東凌
両足院 副住職

日経BP

はじめに

自己肯定感か自我肯定感か

最近、気がかりなのは、「自己肯定感」という言葉がさかんに、それも否定的な文脈で使われていることです。インターネットで検索すると「自己肯定感を高める方法」「自己肯定感が低い理由」といった文字列が次々にヒットします。自己の肯定も否定も主観的な行いですから、たいていの場合、そこに明確な根拠はありません。**多くの人が単なる自分の思い込みによるネガティブな感情に苦しんでいるのです。**

特にビジネスパーソンが元気を失っていると感じるのは、気のせいでしょうか。さまざまな経済指標を諸外国と比較して、日本経済のパワーダウンを伝えるニュースが、しばしば耳目に入ります。そんな目下の沈滞ムードは、彼らの多くが直面している精神的沈滞と深く関わる気がしてなりません。

日本の将来はどうなってしまうのか？　そんな危機感すら覚えるわけですが、視野を世界に広げると、今の危うさは日本に限った話ではないことがわかります。そこかしこで環境が損なわれ、経済的な格差は拡大し、国と国との対立がにわかにヒートアップしている。人類全体が今まさに重大な曲がり角に差しかかっています。

「自我」を肯定しようとして「自己否定感」に苦しんでいる

背景にはいくつもの、複雑な要因があることでしょう。ともあれ私は、問題の根っこをどこまでもたどると、**多くの人が心の柔軟性を失っていること、自己の**

捉え方が凝り固まっていること、に行き着くのではないかと思っています。「心にシコリを抱えている」といってもいいでしょう。思考回路が硬直すれば、視野も発想の幅も狭まり、他者を思いやる余裕がうせ、時には排他性が芽を吹きます。目の前の閉塞状態を打ち破るアイデアも、パワーもなかなか湧いてきません。

「自己肯定感の低さ」も、原因はそこにあると思います。今までにやってきたこと、守ってきたこと、信じてきたことを、練るだけ練って固めた何ものかを、頭の真ん中に据えて、それを「自己」だと決めつけていないでしょうか。極めて狭いスペースに閉じ込めた、**まるで梅干しの種のようなそれは「自己」というより「自我」といったほうがしっくりきます**。

私は、凝り固めた「自我」を肯定するか否定するかという問いの設定じたいが間違っているのではないかと思います。「自我」という言葉は、どちらかというとネガティブなイメージ(我を張る、わがまま、エゴイズム……)をまとっていますから、容易に肯定できません。10人いたら9人までが自動的に否定するでしょう。多くの人が「自己否定感」にさいなまれるのも、自然な成り行きではないでしょうか。

データを偏重する近代的な思考の限界

こういう時代にこそ、禅的な心との付き合い方、思考回路の回し方が有効なのではないか？ 私が本書を世に問うたのは、僧侶の端くれとして、そう考えたからです。「禅」イコール「坐禅」とお考えだとしたら、それは違います。坐禅は禅の精神を身体を使って実践するものの一つに過ぎません。禅はもっと広い概念です。いうなれば生き方、世界と人生に向き合う態度。その営みには、人生を「よく生きる」ための智慧と技術が詰まっています。

ビジネスも私生活も充実に導くたくさんの要素が、そこにはあります。瞑想に代表される「心の安定」といったものも大切ですが、本書がフォーカスするのは、心の安定の「その先」への導きという側面です。

すなわち、禅的な思考法の活用です。**その核心は「問う」ことにあります**。言葉の意味にこだわって、自らに問う、他者に問う。答えが出ようが出まいが問い続ける、問い抜く。**突き詰めれば「我を忘れる」境地に至るこのプロセスが、自分の枠を取っ払い、心の幅を広げ、発想の自由度を高め、人生を豊かにします**。

論理性と合理性、そして定量的なデータを偏重する現代的思考の限界が、閉塞状態を招いている──。そうした文脈で、禅的な思考やアート思考の有効性が叫ばれることがあります。賛意を表すると同時に、一つ補足したいのは、禅を「非論理的」と断じることの誤りです。後にも触れる通り、禅の態度は矛盾を特別に排除せず、見ようによっては放置します。そこに非論理性ばかりを見るのは、少しばかり近視眼的に過ぎるのではないでしょうか。

矛盾を包み込みながら、論理のみに縛られず、全体をしっかり見守るのが禅的な態度。ささいな食い違いに目くじらを立てず、むしろそこに豊かな可能性の芽を見る柔らかさ、優しさにこそ、禅が時代を超えて続いている理由があります。

キーコンセプトは「梅干しからトマトへ」

本書は最終的に、「問い」を重ねることで自分を柔らかにほぐして調える「EXPメソッド」に行き着きます。それは禅的な心との付き合い方、考え方をよりどころに、新たな思考の枠組みを提案するものです。EXPメソッドの目指すところをイメージしていただくために、ここにそのキーコンセプトを掲げましょう。

それは「梅干しからトマトへ」。

固い種を閉じ込めた梅干しのような自己を、柔らかな果肉にいくつもの小さな種を散らしたトマトのように、解きほぐす。思い切りシンプルにいえば、そんな意味です。実のところ、禅的な態度、禅的な生き方のエッセンスが、ここには凝縮されています。その意味を脳裏に刻み、腑(ふ)に落とし、実践していただくことが本書のゴールであり、私の願いです。

「禅的」なる言葉を連発していますが、「それはいったいどういうことなのか」と、戸惑っている方も多いと思います。シンプルに説明できるといいのですが、それは不可能だと思います。なにしろ奥が深く幅も広く、かつ掴みどころに乏しい概念なので、禅宗の僧侶の私も理解しているとは言えないかもしれません。

ともあれ、あえてここに禅の本質にも関わるいくつかのキーワードを示しておきましょう。

- ○硬直というより「柔軟」
- ○一面的というより「多面的」
- ○否定というより「肯定」
- ○集中というより「分散」
- ○対立というより「包含」

ほかにもキーワードはたくさんあります。たとえば「融通無碍」「知足(足るを知る)」などは、禅の本質を見事に突いた言葉です。

本格的に「問いの森」に分け入る前の準備として、これからさまざまな角度から禅の概念をなぞっていきます。読み進めるうちに少しずつ、理解が深まっていくと思います。

問い抜く力を鍛えれば、人生の自由度も高まる

しかし、心の底から「わかった」と言えるまでの道のりはなかなか険しいものです。それは、禅のような概念に限ったことではありません。どれほど単純な言葉でも、意味の捉え方は人によって少しずつ違います。一人の人間の中でも、時と場合によって同じ言葉の意味がぶれたりします。だからこそ、しっくりと腹落ちする言葉をできるだけたくさん探し、吟味しながら組み合わせて、問い抜くことが大切なのです。

そんな姿勢で自分に問い、他者と対話することを続けると、言葉の意味と概念の本質が確実に、一定の像に収れんしていきます。**おぼろげだった他者やものごとの、そして自分という人間の輪郭がしだいにはっきり見えてきます。**

さらにいえば、それは生きることへの理解が深まることにほかなりません。理解が深まるほど発想の幅は広がり、人生の自由度は増していきます。当然のこと、日々の充実度が高まります。

禅は人生を前向きに生きる駆動力を励ます、智慧の泉です。そのエッセンスが詰まった「問い抜く思考」の力を、この一冊を通して皆さんにお届けできればと思います。

前置きの最後に、一つ申し添えたいことがあります。私は臨済宗建仁寺派の僧侶ですが、本書の主張、考え方は、特定の宗派、宗教的な立場に依拠するものではありません。「ただ仏道を奉じる者」の言葉として、受け止めていただけると幸いです。

『忘我思考』目次

第2章 「自己」の領域をどこまでも広げる

第3章 美とアート、そして禅

第4章 禅とは可能性を信じて生き抜くこと

第5章 答えのない問いを問う意義

第6章 思考を深める対話 ソクラティック・メソッド

第7章 凝り固まった自分をほぐすEXPメソッド

第8章 EXPメソッドの4ステップ 探索〜表現〜実験〜展開

「十牛図」早稲田大学図書館蔵

「十牛図」
㊀尋牛 じんぎゅう

第1章

心を「認識の王座」から引きずり下ろす

「心の時代」の落とし穴

「心の時代」という言葉を、いつのころからか、たびたび耳にするようになりました。調べてみたところ、このフレーズが世の中に広まりはじめたのは、NHK教育テレビの長寿番組『宗教の時間』(放映開始は1962年)が、82年に『こころの時代―宗教・人生―』と改題したことがきっかけのようです。たくさんの視聴者が支持を寄せたからでしょう、90年代には同じタイトルのラジオのコーナーも始まりました。

折しも、右肩上がりの経済成長が極まり、行き詰まった頃合いです。人々の意識にこの言葉がみるみる浸透したのは、**物質的な豊かさの限界が見えてきたせいで、精神的な側面である心への関心がふくらんだから**だと思います。「失われた30

年」を経た近年、自己の内面を省みる傾向はますます強まっているようです。

自分の心と向き合うこと、物から精神に視線が向かうことは、もちろん悪いことではありません。しかし、そこには負の側面もあります。何より見過ごせないのは、うつ病に代表されるメンタルの問題を抱える人が急速に増えていることです。**世間の空気に促されるまま、心と向き合う技術を知らぬまま、丸腰状態で心と向き合いすぎてしまった**。放っておけばよかったものを、意識を内面に向け過ぎたせいで、自分のマイナス面、足りないと感じる部分を気に病むようになってしまった……。放置できない事態になっているのではないかと思います。

自分の心と向き合う技術

すでに触れた「自己肯定感」の問題も含め、現代人の心のありようが、私の目には少し深刻に映ります。

自分の心と向き合うことに「技術」などあるのかと思われるかもしれませんが、もちろんあります。お釈迦様をはじめとした先人たちが実践してきた瞑想法を支えるのは、長年にわたって研ぎ澄まされた技術そのものです。坐禅やマインドフルネスのブームもあって、近年、瞑想のノウハウは少しずつ広まっていますが、まだまだ不十分だと思っています。

心とは実にやっかいな存在です。そもそも「存在」するといっていいのかもわからないくらいに、正体不明。21世紀の科学をもってしても、そのメカニズムは解明されていません。

それでも連綿と伝わる先人の言葉からは、蓄積した経験から紡いだ「こうすれば心とうまく付き合える」という実践知を、読み取ることができます。その一端でも世の中にしっかり知れ渡れば、目下の状況は少なからず改善するはずです。禅への注目度がじわじわと高まっているのは、人々の直観がその潜在的な力に気づきつつあることの証かもしれません。

宗教というより科学に近い仏教

お釈迦様が仏教を開いたのは、紀元前6世紀とも同5世紀ともいわれます。禅はそれからほぼ１０００年が過ぎたころ、仏教の原点に回帰するムーブメントとしての側面を持って始まりました。

まず強調しておきたいのですが、そもそも仏教は神秘的で超自然的な「普通の宗教」とは違います。輪廻（りんね）や業（ごう）といった概念には、たしかに神秘的で超自然的な印象がありますが、そのあたりに目をつむれば、仏教は宗教というより科学に近いとすら思います。

実際、お釈迦様が理路整然と説いたのは、この世界の仕組みと、人生が苦しみに満ちている理由であり、苦しみを克服する方法です。**禅の一つの側面は、お釈迦様の教えの根本に立ちかえって、〝日常生活の中で〟人生の本質（教え）を発見し直したこと**ですから、今を生きる私たちにもそのまま役立つのは当たり前のことだといえるでしょう。「世界と、自分自身と、どう向き合えばいいのかわからない」「心と身体を調えたい」「人生をよく生きたい」……。そんな悩みや願いを抱く人に合致する教えであり、メソッドになりうるのです。

「心」中心主義から脱却する

禅が教える「心を手なずける」技術の中から、今こそお伝えすべきポイントを紹介しましょう。本書のテーマから少々ずれるようで、実のところはそうでもありません。

禅的な思考法も瞑想の技術も、禅という大きな概念の派生形です。音楽でいう主題と変奏（テーマとバリエーション）のようなもので、基本構造はどちらも重なります。悩ましいのはその基本構造じたいが難解なことですが、派生形に親しんでいるうちに、全体像もだんだん見えてくるのです。一つのものをいろいろな角度から見ることで、立体的に理解できることに似ています。

多くの人を苦しめている現代の精神を巡る問題は、心が凝り固まっていることにあると言いました。では心のコリをほぐすにはどうしたらいいのか？ **禅的な対処の第一は、「心を自分の真ん中に置かない」ことです。「『心』中心主義から脱却する」、ともいえるでしょう。**

そもそもの間違いは、心（あるいは意識）をまるで自分という人間の本体であるかのように仰ぎ奉ることにあります。「あなたの『自己』はどこにありますか」と問われたとき、あなたの内面はどう動くでしょう。多くの人は頭の真ん中、または胸のあたりに意識を向けると思います。そこに自分の心があるという思い込みに促されてのことです。

五感を増幅して、今どう生きているかを認識する

ほとんど無意識のうちに生じるこの反応を、意識的にやめてみてください。右でも左でも上でも下でもいいので、まずはとにかく心の位置をずらします。「**心を脇役に降ろす**」**と言い換えてもいいかもしれません。**

ぽっかり空いた「主役の座」には、全身を覆う感覚器官からの情報を満たしま

す。**五感を思い切り開いて、入ってくる情報をじっくり味わい、たった今、「自分はどういう状況を生きているのか」を捉えるのです。**

たとえば、仕事中に集中力が途切れたとき、あるいは横断歩道で信号待ちをしている手持ち無沙汰な時間、夜寝床に入ってから眠るまでの間など、折に触れて繰り返してみてください。日常生活の中で、しばしば意識していれば、そのうち気持ちが楽になってきますし、世界の肌触りとでもいうものが変わってきます。日ごろ瞑想をしている人は、瞑想中にこれを実践しましょう。

今まで心をどのように捉えていたかで、しっくりくるやり方は変わってきますが、決まったイメージを脳裏に思い描くとやりやすいはずです。杓子定規な言い方ですが「心のスペースを6分の1に縮小し、それを周縁にずらした上で、空いた部分に五感からの情報を満たす」ことを意識してみてください。

なぜ「6分の1」なのかといえば、五感を収める余地を作るためです。**ここで一番大事なのは、心だけにとらわれないこと**。「心のありか」はあえてイメージせず、五感の情報をふくらませることだけに集中したほうがやりやすいかもしれません。五感の存在感が高まれば、その分、自然に心のウエートは下がることになります。

心が荒んでも自分を肯定するには……

五感をふくらませるとき、一つ注意したいのは、すでにふくらみきった状態にある視覚情報の扱いです。あまりにも高精度のビジョンが、まぶたを開けてさえいればたえず入ってくるせいで、私たちはつい眼からの情報に支配されてしまいます。その情報量と認識に占めるウエートは、心に勝るとも劣らず巨大です。

「今考えていること」と「今見えていること」。**多くの人は、この2つの情報で世界と自分の今を判断しがちです**。目を閉じていてすら、何かを考えるときの素材は、ビジュアルな記憶が多くを占めるのではないでしょうか。

もちろん、どちらも無視するわけにはいきません。しかし、放っておくと、この2つばかりが頭の中でふんぞり返ることになります。どちらも意識的にダウンサイズしたほうがいいし、時には疑念を呈してもいいくらいです。

以上の試みは、言い換えれば世界と自己の認識プロセスの民主化です。**心、そして眼という認識の両巨頭を王座から引きずり下ろし、その権力をほかの感覚器官に分配する**のです。

実際にやってみるのが早いと思います。**普段はあまり気にしない感覚情報を深く味わうことを意識するだけで、気持ちがぐんと楽になります**。窓の外から聞こえてくる愛らしい鳥の声と、吹き込む風の匂いや肌触りを味わいながら、もふもふした猫のおなかの感触を楽しんだり、お気に入りのお茶の味を反すうしたり。

そうした感覚の豊かさを自己の一部として感じれば、心に少しくらい否定的な成分があっても「まあいっか」と肯定できます。今までの世界の捉え方が、いかに「頭でっかち」だったかがわかることでしょう。

仏教では、人間の認識のよりどころを「六根」と呼びます。眼（視覚）、耳（聴覚）、鼻（嗅覚）、舌（味覚）、身（触覚）、意（意識）の6つ。まさに、五感＋心です。そして**特別に心を重く扱ったりはしません**。**自己を充実させる上で重要なものというより、「要注意」なものとして扱います**。

頭だけが自分ではない「自己」を全身に広げる

次なるステップは、「自己の領域を広げる」ことです。「心のスペースを縮めたばっかりなのに、また広げるの?」と考えてしまった人は、「心=自分そのもの」ではないことを再確認しましょう。五感からの刺激も身体も含めた自己の全体を開き、拡張するイメージを持つことを意識するのです。

「心を頭の真ん中からずらすこと」と同様、日常生活の中で折に触れて心がけるだけでも、効果を体感できるはずです。ともあれ、これを機に瞑想にチャレンジすることをおすすめしたい気もします。具体的なやり方については、すでにたくさん世に出ているこの分野の書籍を(私の著書『月曜瞑想』も、ぜひ)参照するといいでしょう。

それらが長々と論じている**瞑想の基本は、実のところ、「いかに心身を落ち着かせるか」の一言で言い尽くせます**。そのために試みるべき唯一無二の方法は、意識的な呼吸です。本来なら特別な考えなしに行っている呼吸というものを、意識的に行うのがミソです。

心と身体を接続するカギは「意識的な呼吸」

ベッドに横たわり、あるいはゆったり椅子に身を委ね、ゆっくりゆっくり息を吸っては吐き、吐く時に「ひとーつ、ふたーつ……」と数えます。「とお」まで数えることを何度か繰り返すうちに、心も身体も、あっけないくらい簡単にリラックスします。

意識的に呼吸することには、さらに重要な意味があります。**それは心と身体のつながりを再確認できることです**。私たちはともすると、自己の領域を頭の真ん中のごく一部に集めてしまいますが、**全身のセンサーを総動員して主体的な呼吸を観察すれば、頭だけが自分ではないことに気づくはずです**。

胸を広げて肺をふくらませ、鼻孔を通る空気の匂いや肌触り、温度と速度を感じ、心臓の鼓動とともに全身が酸素に潤う心地よさを味わいましょう。これを繰り返すうちに、自己の領域は全身に広がります。

マインドフルネスの知識と経験がある方にすれば、「またその話?」という感じかもしれません。しかし私は、先人たちが繰り返したに違いない試行錯誤を想像するほど、なんと偉大な経験知だろうかと、感動を新たにします。

心臓にせよ胃腸にせよ、内臓を意識的に動かすのは不可能なはずです。それは極めて本能的な、すぐにでも命に関わる機能を担う器官だからでしょう。しかし、どういうわけだか呼吸だけは、速さも深さもある程度はコントロールできる。

そして、ゆっくりと深く呼吸することで、なぜか角張っていた心が、ゆるゆると丸みを帯びた落ち着きを取り戻すのです。**心と身体を接続する鍵が呼吸にあるのを見いだしたのは、すごいことです**。大発見といえるのではないでしょうか。

「十牛図」
㈡見跡 けんせき

第2章

「自己」の領域をどこまでも広げる

これからの私たちにとって、本当に大事なのはここからです。

頭だけに閉じ込めていた自己が全身に広がった実感をほんの少しでも得ることができたら、次にはそのエリアをさらに、意識的に広げます。身体と外部とを分けている境界線を意識的に取り払い、外にあるものも自己の一部として迎え入れる感覚です。たとえば、お風呂につかると最初はお湯と身体が全く別物ですが、しばらくするとお湯と身体の境目が曖昧になっていくのを実感できると思います。また、自己と外部が無数の糸でつながっている様をイメージするのも、一つのやり方です。

これに慣れてくると、やるたびに誰しもだんだんと心地よさが深まってくるはずです。こうなれば、シメたものです。そのうち寝転んでいるベッドが、部屋全体が、ついには外から聞こえる鳥の声までが、自分と分かちがたい存在に思えてきます。

「夢みたいなことを言うな」という声が聞こえてきそうです。しかし、イメージすることに慣れさえすれば、さほど難しいことではありません。まだまだ修行の身の私も、それなりに訓練を重ねた成果として、どこまでも自己を広げられるようになりました。みんなが自分とつながっているのですから、一人でいてもほとんど寂しさを感じません。難題にぶつかってハタと困ったときには、境内の木々で鳴き騒ぐ蝉たちに元気をもらったりします。

トマト的な柔らかな思考が生きづらさを解消する

今から提案するのは、すでに紹介した本書のキーコンセプト「梅干しからトマトへ」を実践することです。「はあ?」と思われるかもしれませんが、そこそこ本気のおすすめです。

心を脇役にしたり、自己の領域を広げたりするのと、要領は同じです。**梅干しのように凝り固まった自分が、いくつもの小さな種を全体に分散させたトマトに切り替わることを、繰り返しイメージします。**

梅干しに歯を立てたときのガリッと来る感じと、真っ赤に熟れたトマトのジューシーな食感を、できるだけリアルに思い描くといいでしょう。思い描けましたか？　梅干しからトマトへの変化を、実感を持ってイメージできるようになるころには、肩のあたりが軽くなったことに気づくのではないでしょうか。仕事についても私生活についても、少しずつ前向きな意欲が湧いてくるはずです。

ここで大事なのは、梅干しを頭から否定せず、その美点を改めて確認することです。一つの信念を頑固に守り通して核となる強みを固めていく梅干し的な生き方は、それはそれでリスペクトすべきです（私自身、梅干しも好物の一つです）。

実際、一本筋の通った強い芯のある人物像は、しばらく前まではデキるビジネスパーソンの代表的なモデルでした。今も活躍できる場所はいくらでもあるはずですが、しかし特に多様性と柔軟性が求められるこれからの時代は、生きづらさが増していくのではないか？　頑固な人を前にすると周囲が構えてしまうという意味でも、少々もったいないと思います。

このかたくななまでの**一貫性の対極にあるのが、トマト的な生き方**です。下手に噛みつくと痛い目に遭う梅干しと違って、熟れるだけ熟れたトマトならお年寄りでも子どもでも、思い切りかぶりつけます。野菜であれ果物であれ、生物に食べられてナンボの世界にあって、この柔らかな安心感はかけがえのないアドバンテージでしょう。

固い一つの種を真ん中に据えるのではなく、小さな種があちこちに散らばりすぎているのは、どこが核なのかわからない弱みともいえますが、「多核的」だからこその強さもあります。どれか一つがダメでもたくさん替わりがあることもそうですが、**重要なのは小さな強みが束になることによる総合力です**。「どこがいいんだかわからないけど、全体として頼りになったり、面白かったりするやつ」という感じでしょうか。

梅干しの種はあっけなく砕ける

30歳くらいの知人にそういう感じの人がいます。地頭のよさは誰もが認めるところで、事務能力が高いことは明らかに彼の一つの強みです。職場で評価されているのは不思議なことではありませんが、よくわからないのは仕事を離れた各方面から、大きな支持を集めているらしいことです。外見はむしろサエない感じなのに、なぜか女性からの人気も高い。近所に住むおばあちゃんとも仲良くやっているようで、しょっちゅうお手製の煮物だとか果物だとかのお裾分けにあず

かっているといいます。近所付き合いが廃れつつある今どき、珍しいことです。

人たらしなのかもしれませんが、そこまで調子がいい感じでもない。どこがいいのだろうと考えて、思い至ったのは人一倍の「緩さ」です。とがったところが見事にない。彼が憤ったり反発したりする姿はまったく想像できません。包容力とはこういうことなのか、何を言ってもふんわり受け止めてくれそうな感じが、人を招き寄せるのでしょう。それでいて彼は、いざとなれば、(いい意味で)したたかな人に違いないという直観が、私にはあります。トマトのようであり、柳のようでもある。

梅干し的な堅さは、裏を返せばもろさです。闘値(いきち)を超える圧力を受けるとあっけなく砕けてしまいます。**しかし他者を優しく受け入れるトマト的な柔らかさがあれば、外面的なイメージはその都度変えながらも、自分の本質をしっかり保つことができます。**ぺしゃんこにつぶされたとしても、散らばった種まではつぶれません。強風をしなやかに受け流す柳の木にも通じることですが、何ものをも受け入れる柔らかさは、本当の強さに欠かせない要素といえるでしょう。

一極集中から多極分散への逆流

自己の強みを中心に凝縮するのではなく、広く柔らかく分散する——。このトマトモデルの意義は、個人に限ったことではありません。多くの人材を束ねる組織の力を強める上でも、有用な考え方だと思います。

それどころか世界の趨勢(すうせい)は「トマトを目指している」気すらします。世界の大きなトレンドは、長い目で見ると「一極集中」を目指してきたといえるでしょう。有史以来、人は肩を寄せ合い、群れをなし、集落や都市をつくってきました。どのつまり「生きるための効率」を追い求めてきたこの流れは、あらゆる機能を一カ所に集中させる中央集権国家として結実、成熟しました。

しかしこうした人類の歩みは、ここにきて袋小路に入ったかのように見えます。**「多極分散」への逆流があちこちで目につくようになったのは、自然な成り行きといえるかもしれません。**

少し唐突ですが、ビットコインをはじめとした仮想通貨の基盤技術であるブロックチェーンなどは、象徴的に思えます。情報が一極集中することのない自律分散システムであるため、データの改ざんが難しいのが持ち味とされています。インターネットもそうですが、時代の最先端にある基盤システムのどちらもが、ただ一つの核を持たない「分散型」であることの意味は深いと思います。

人の気分も同じ流れの中にあることを強く感じたのは、先日『私とは何か——「個人」から「分人」へ』(平野啓一郎著、講談社現代新書)を読んだ時でした。「ただひとつの自分像に縛られるから生きづらい。誰に対しても同様に接する『個人』ではなく、他者との関係に応じて自然にキャラクターが出来上がる『分人』の集合体として生きてはどうか……」。そんな提案に思わず膝をたたきました。これぞまさにトマト的な生き方、禅的な態度です。

仏像の中には顔がいくつもあるものが少なくありません。西洋の人はその造形を奇異に感じるかもしれませんが、これは人間という生き物の多面性への深い理解を示すものでしょう。ただ一つの人格に閉じこもらなくていいんだよ、時には悪い部分も見せていいんだよ、という、先人のメッセージを読み取れる気がします。

脳のメカニズムも「多極分散的」だった？

人はとかく自分を「一」なる存在と思いたがるものですが、仏教的にいえば、それは大きな間違いです。あらゆる「多」との絡み合いの結果として存在するのが（あるいは「多」と絡み合うその関係性じたいが）人間なのだ。そうお釈迦様は説きます。

禅でよくいう「無」という概念は、「ゼロ」ではないということも強調したいところです。**何もない「虚無」の状態のように誤解されがちですが、実のところは、「多」との絡み合いが極まった「無数」の縁を理解した上での「無」のことなのです。**途方もない豊かさを秘めた概念といえるでしょう。

私という存在は「一」ではない――。驚くべきは、この仏教の洞察が、脳のメカニズムを巡る最近の説と見事に符合することです。

それは、前野隆司慶應義塾大学大学院教授が唱える「受動意識仮説」。**私たちは心、あるいは意識というものを、脳という中央集権的なシステムに君臨する独裁者のように考えていますが、この説が導き出した結論は真逆です。**脳は自律分散的なモジュールのネットワークであり、意識とはそこで行われる作業を川下で見ているだけの存在なのだといいます。

別のいい方をするなら、神経細胞のモジュールたち（前野教授はこれを「小びと」たちと呼びます）の働きを統括する「ただ一人のリーダー」は存在しないということです。人の意思決定は、それぞれが**決まった役割を持つ小びとたちの多数決のような形でなされ、意識はそれを眺めるだけ**。というより、小びとたちの仕事を、まるで全部自分がやったことのように「勘違いする」のが、意識の仕事だとい

うのです。

これまた禅的な気配が色濃く薫る説です。興味のある方は、前野教授の『脳はなぜ「心」を作ったのか』(ちくま文庫)を読んでみてください。面白いだけでなく、読むほど癒やされます。やっかいごとに見舞われてストレスを感じても、それに対処するのは自分の中の「小びと」たちなのだと考えれば、ゆるゆると脱力するはずです。

ZEN COLUMN ◎ 1 —— 禅の4つの教えとは

一 不立文字（ふりゅうもんじ）

文字は一つの道具にすぎません。お釈迦様の悟りを、文字を集めた言葉だけで理解するのは不可能です。

二 教外別伝（きょうげべつでん）

悟りは、言葉による教えを超越しています。心から心へと伝えられる実践知、体験知こそが重要です。

禅の目指すところは、お釈迦様の悟りを追体験することにあります。「人間は生まれながらにして仏性（仏になることのできる素質）を備えているにもかかわらず、固定観念のせいでそれに気づけない。修行を重ね、内なる仏に目覚めれば苦しみから解放される」と教えます。

ここに紹介するのは、禅の始祖・達磨（だるま）がその教えの本質を示したとされる「四聖句（しせいく）」です。まずは、悟りは文

三

直指人心（じきしにんしん）

真理（生まれながらの仏性）は自分の中にあります。心の奥底を凝視して、それを把握しないといけません。

四

見性成仏（けんしょうじょうぶつ）

内なる仏性に気づき、自分のものにする（一体化する）。それが悟りであり、「仏に成る」ということです。

字だけでは表現しきれないこと（不立文字）。師と弟子の心のやり取りを通じてこそ伝わる（教外別伝）真理があるということ。あわせて自らの心を見つめて（直指人心）仏性に気づき、それを体現する（見性成仏）ことを目指します。

坐禅、公案（禅宗における問答、問題）などを巡る師との対話のほか、日常の作務も禅の重要な修行です。料理であれ掃除であれ自問自答であれ、それを為している「今」を「無心」に生きることが、禅の肝なのです。

「十牛図」
㊂見牛 けんぎゅう

第 3 章

美と
アート、
そして禅

美は五感に心地よさを届ける

禅的な生き方、考え方が今の時代に求められていると感じる大きな理由に、禅と美との親和性があります。私が考えるに、**これからの豊かさと幸福に何より欠かせないのは、美という概念**です。政治であれ、ビジネスであれ、個々人の人生であれ、「美しいと感じる方向」に向かってこそ、うまくいくのではないか。そんな思いを、最近ますます強くしています。

美ということがいかに重要かを心の底から理解するには、この概念がどのような要素で成り立っているかを検証する必要があると思います。

第一の要素としてはもちろん、視覚的な美があります。色とりどりに咲き誇る花々、空の青と海の青、宇宙の暗黒に浮かぶ地球や月、星々の輝き。美しいビジュアルをイメージせよといわれたら、いくらでも思いつくのではないでしょうか。そしてかれんに響く鳥の声など、耳が感じる美しさ。人によって好みの違いはあっても、これらは最たる美の要素といえます。

おいしさを「美味」といい、「匂い立つような美」といった表現があることからすると、味覚も嗅覚も無関係ではありません。ここまで考えると、美とは五感に心地よさを届ける何ものかである、という仮説が浮かびます。

忘れてはいけないのは、その心地よさに浸るとき、私たちの心は動き、時に震えることです。美には間違いなく、感動という成分が含まれていることに気づきます。**心もまた、美のセンサーとして重要な役割を果たしているのです。**

事実、特にきれいでも快適でもない環境で、美を感じることが少なくありません。これは私の個人的な感覚かもしれませんが、飲食店などで、接客態度の美しさに目頭が熱くなることがあります。たとえば、明らかに客のほうが間違っていても、自分の言葉づかいが悪かったのだと即座に納得して、流れるような笑顔の応対を続ける姿。何があっても相手に不快な思いをさせないというプロとしての決意と、少々理不尽でも包み込むように許せる心の広さを思うと、実に美しいと感じます。

映画などを見ていても、人と人の対立が融和に、混乱が調和に転じる場面で、この種の心地よさを覚えないでしょうか。友人同士や親と子が、互いに無償の愛情を表現する様、時間と距離をものともしない絆を認め合う様などには、夕焼け空を眺めるときにも似た美的快感がともなうように思います。

反対の概念を考えてみるのも、言葉の本質的な意味をより明確に理解するためのいい方法です。

戦争のためにアートの力を封じた大国

今の時代、美とは逆の状態として真っ先に思いつくのは、そこかしこで環境が損なわれていることでしょう。ゴミ問題も地球温暖化も放置できない問題ですが、環境破壊の最たる元凶の一つは戦争です。日々の生活から生じた老廃物で環境が汚れるのならまだしも、わざわざミサイルを飛ばして、人間の命と街をがれきに変えてしまう。醜悪な暴挙として、これ以上のものはありません。

戦争が、美とその表現であるアートの対極にあることを物語る、象徴的な話があります。故コリン・パウエル氏がアメリカの国務長官だった2003年、国連安全保障理事会での演説で、「イラクが大量破壊兵器を保有している」ことを糾弾しました（後に政府機関からの虚偽情報をうのみにしていたことを知った彼は、この演説を「人生の汚点」と振り返ります）。

その後間もなく、アメリカはイラク戦争に突き進むわけですが、普段なら国連本部の壁を飾っている『ゲルニカ』のタペストリーが、その日は暗幕で隠されていたというのです。

『ゲルニカ』は、いわずと知れたパブロ・ピカソの名作。スペイン内戦中、ナチス・ドイツ軍が行ったスペイン北部・ゲルニカへの無差別爆撃を描いたものです。戦争を正当化するための演説を行うその日に、反戦気分をあおるこのような絵があっては困ると、「誰か」が判断したのでしょう。**美とアートには、それくらいの力があるということです。**

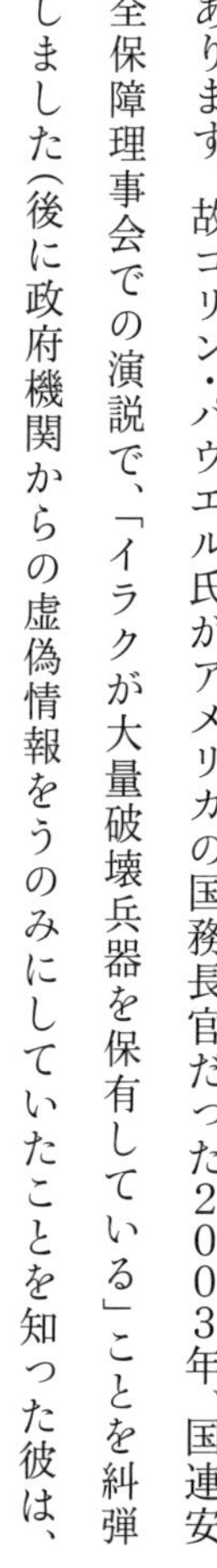

種を繁栄に導くために美的感覚を育てた？

こうやって考えを深めていくと、美とはもはや、単なる趣味嗜好を超えた切実な問題だということがわかってきます。美を守り、美的なるものを目指すことは、心身が共に満たされる幸福のためであり、それ以前に生きるためなのではないでしょうか。

私たちの美的感覚は種としての繁栄と深く関わるという進化心理学の説は、この結論を補強します。**適応度（繁殖成功度）が高まるような行動を促す対象を「美」と感じるようになった、ともいえるのでしょう**。

水と緑のある風景や、なんともいえない青みをたたえる地球の姿を、私たちが無条件で美しいと感じることを思うほど、強い説得力を感じます。人と人の融和から立ち上る美の気配も、それが命をつなぐための必要条件だから(人はひとりでは生きていけないから)なのです。

美しいものに心を動かしたとき、人は暴力性を失います。かたくなな感情は和らぎ、狭苦しく閉じていた視野は広がり、否定的な気分は肯定的に、排他的な姿勢は融和的に変わります。たいへん興味深いことに、これらはどれも「禅的変化」そのものです。**互いの違いではなく共通点を探し合う。論破しようと挑みかかるのではなく、歩み寄る。そんな禅的態度の延長線上に、美的なるものはあります。**美とアートには、禅的な要素が入っていることが多い。そう言い切ってもいいくらいだと思います。

伝統の「コード」を守り、時代の「モード」を追求する

私が副住職を務める両足院（京都市）に、昔から美術品が集まってきたのも、そう考えると自然なことです。14〜15世紀に活躍した画僧・如拙（じょせつ）や長谷川等伯、伊藤若冲（じゃくちゅう）といった大家の作品を含む、多くの文化財を継承していることは、代々の住職がアートの世界とつながっていたことを裏付けます。

お寺に残る記録によると、若冲の良き理解者であったといわれる大典（だいてん）和尚と当時の住職とは親交があったようです。その証拠に、大典和尚の書が今もお寺に残っています。若冲の『雪梅雄鶏図』を所蔵するに至ったのは、大典和尚とのご縁があってのことでしょう。若冲や等伯が如拙の『三教図』（p78）を拝むべく、両足院を訪ねて来たことも、十分ありえると思います。如拙は中国（南宋）の絵画様

伊藤若冲『雪梅雄鶏図』

式のビッグネームで、江戸時代の多くの画家が学んでいた存在でしたから。

美とアートは今も、両足院が大切にしているテーマです。しかし、「古き良き美」を守ることだけにこだわっているのではありません。私が好きなフレーズに「コードとモード」というものがあります。コードとは時代を超えて変わらない本質、モードはそのときどきの社会、人々の気分に合うようにアレンジする部分のことです。

「コード」を継承したからこそ、今に残る文化

たとえば、クラシック音楽。特に壮大な交響曲などの表現には、昔ながらのフルオーケストラが必須のように思われがちですが、果たしてそうでしょうか。ベートーベンの交響曲が、２００年の年月を経てなお人々に親しまれているのは、

文字通り「コード」（和声進行）は守りつつ、楽器の選び方や編曲で時代のセンスを表現したさまざまな演奏が世に出回ったからだと思います。

楽器の細かい仕組みを含む当時のモードまで、忠実に踏襲することにこだわっていたら、どうだったか？　エレキギターやシンセサイザーでベートーベンを奏でることを「邪道」と排斥していたら、いずれ一部の好事家だけが知る希少な文化になってしまうのではないか……？（もちろん「音楽の本質」をどう捉えるかによって、「正解」は大きく左右されますが）

文化の本質的な価値を次代につなぐ上で欠かせないのは、伝統を咀嚼し、柔軟に再構築するというアプローチだと思います。伝統をそのままの形で踏襲することも試みつつ、一方でそうした軽やかなスタンスも大事にしてこそ、貴族だけが独占していたものを、誰もが日常生活の隙間で楽しめる文化として新たな命を吹き込める気がします。「運命」のモチーフを、誰もが口ずさめるように。

一見すると伝統の固まりのような京都のお寺も、同じことです。コードを守りさえすれば、時代に合わせて柔軟に変わっていける部分がたくさんあると思います。というより、変わらないといけない。それこそがトマト的、禅的生き方というものです。伝統や過去の実績にしがみついていたら、どんな大企業でも、その道で名を成した大家でも、時代を超えて生き残れないのではないでしょうか。

私は「座右の問い」として、「今日来た人も100年後の人も心を動かす、両足院の美とは何か」ということを、いつも考えています。次世代に何を残すかを探求する「RYOSOKU」プロジェクトも、現代美術作家の杉本博司さんに両足院の襖絵の制作をお願いしたのも、その問いを突き詰めた末にひねり出した、一つの解答です。

杉本さんに依頼をした大きな理由は、『Lightning Fields』という彼の作品に感動

杉本博司氏による両足院大書院の襖絵と掛軸
©Hiroshi Sugimoto/Courtesy of RYOSOKU
photo: Masatomo Moriyama

したからです。雷さながらの放電で写真乾板を感光させたことによる、木の根や血管の形状にも似た表現に自然の摂理の美を感じました。稲光は、古代から人類がその神秘性と力に畏怖の念を抱いているもの。その畏怖から、人は龍という存在を空想したのです。禅寺に龍が描かれてきたように、我々人間が自然をコントロールできると勘違いしないように、という戒めを込めてお願いしました。現代の技法を用いた杉本さんの作品こそ、私たちの心を動かすと思ったのです。

対立する概念も重ね合わせることができる

両足院について、もう少し語らせてください。私が副住職を務める寺ながら、私はこの「両足院」という名前じたいもたいへん美しいと思っています。「両」は、「智慧と慈悲という2つの概念」のこと、「足」は「足りている」こと。つまり、「智慧と慈悲が満ち足りている」という意味です。そこで止まらずにもう少し考えを進めると、智慧（真理を見極める認識力）と慈悲（いつくしみ、あわれみ）は、「理と情」に近い対立概念だということに気づきます。

さらにこの2つの言葉を脳裏に転がすうちに、両者は補い合う関係にあることが見えてきます。救いの智慧は慈悲に発し、真理を認識する智慧があってこそ慈悲の心が生まれます。仏教の「不二（ふに）」とは、まさにこれです。**対立関係にある概念であっても、考えようによっては一体であり、線を引いて2つに分けるわけにはいきません**。「智慧なき慈悲は役に立たない。慈悲なき智慧は暴力につながる」と言った人がいますが、その通りだと思います。

いずれにしても、「両足院」というネーミングが表現するのは、対立概念の共通点を探り、両者を重ねた豊かな精神性を追求する姿勢です。

4年前、両足院のロゴを作りました（右下参照）。工夫のしどころは、このコン

両足院
Ryosokuin

セプトをいかに盛り込むかでした。やや鋭角的なイメージをまとう智慧は三角形、慈悲は丸。重なり合った部分の虚空は、両者の妙なる融合の表現です。真意を的確に表現したロゴができたと思っています。

異質なものの共存がはらむ可能性とは？

少し話は変わりますが、ここで人間の「分類癖」について触れます。

私たちは、何かというとものごとを区別したがります。色が違う、感触が違う、方向性が違う、という具合に、細部の差異に目をこらしては線を引き、同質なもの同士でグルーピングする。特にビジネスの世界では、そうした分析的な態度、あるいはスキルは当然のたしなみのようなものでしょう。分類することじたいが仕事だったりするケースも多いと思います。ものごとにせよ人間集団にせよ、細分化したほうが、いろいろなことがスムーズで効率的なのは確かです。

しかし、結果として失われるものも、また大きいはずです。一つには、全体が見えなくなってしまうことがあります。会社でいえば、全社的な大きな方向性を忘れて、目の前にあるAプランとBプランのどちらを選ぶかということばかりにとらわれたり、全体ではなくチームだけの利益を追求したり、ということになりかねません。

普通に「分別」といえば、常識的な道理をわきまえるという、大人の必須条件のような概念ですが、禅ではポジティブな意味合いで使われることがない言葉です。お釈迦様は、分別(ものごとを識別すること、その上で分けて考えること)こそが煩悩の、つまりは人生の苦悩の根源であると説きました。

実際に、自己や他者への執着、劣等感などに悩むのは、そもそも自己と他者をきっぱり分けて考えるからにほかなりません。差別する人、される人が出てくるのも、理由は同じです。本来、地球には線など引かれていないのに、何本もの国境で国と国とを分けるから、領土を奪い合うようなことになる。**じっくり考えると、分別はたしかに、多くの不幸の原因となっていることがわかります。**

仏教が「分ける」という行為から距離を置くのは、ものごとの全体を包括的に捉えることの豊かさを重視するからでもあります。質の違うもの同士を共存させると、たしかにやっかいな食い違いが生じます。しかし、新しい発見や発想はむしろそうしたせめぎ合いの中から生まれるものです。それこそ智慧と慈悲のように、異質な部分があればこそ補い合って、片方だけでは生じえない果実を結ぶこともあります。内部に矛盾を抱えることはたしかにリスクですが、それによって可能性が大きく広がるのも間違いのないことなのです。「分別」を知った上で、ものを対立的・相対的に見る分別から離れた「無分別」を体感することが大事なのです。

世代を超える超長期の目線SDGsも「禅的」

「禅的」なる概念とその思考法への道筋を解きほぐす一環として、禅と美の親和性について思うところをお伝えしました。つい力が入ってしまったのは、美という概念の大切さを含め、私が今、何より強く感じていることだからです。

残念ながら、戦後の高度経済成長期以降の日本の姿を、私は美しいとは思えません。だからこそ美の何たるかを、あらためて見つめ直して、次の世代にバトンをつなぎたいと思っています。あるいは、やたらと言葉を連ねるよりも、地球の美しさをよくよく思い知ってもらったほうが早いのかもしれません。青い地球のイメージが念頭にあれば、いろいろな活動の中身が変わってくると思います。

そこで自然と想起するのが、昨今すっかりおなじみの言葉となったＳＤＧｓ（持続可能な開発目標＝Sustainable Development Goals）です。このプロジェクトの心が、美の概念とストレートに重なることは言うまでもないことでしょう。世界中の人々が手を携えて、貧困や飢餓、不平等をなくし、環境を守り、健康・福祉を増進するというコンセプトは壮大に思えますが、その目指すところは「美」という、ただ一言で表現できます。

加えて特筆すべきは、「持続可能な開発目標」の目線が、時空を超えて長く広いことです。自分がすでにいない未来と、自分の目の前にはない遠い土地に思いを馳せて、今、この場でできることに力を注ぐ。実はこれが、禅の精神としっかり合致するのです。

未来にも過去にも申し訳が立つ「八方是」

禅寺に限らず、お寺は大昔からＳＤＧｓに似たことをやってきました。お寺の人間は、たとえば境内に手を加えようというときなど、何百年も先のことを普通に想定します。これをやったら後々どうなるか、未来にどうつながるかを考える。刻んできた歴史の長さを思えば、同じくらいの長期目線で先を見据えるのは当たり前のことです。

もちろん、それにかかるお金のことも考えますし、地域の人たちのことも、先人の気持ちも考える。利害が対立する部分、矛盾も抱えながら、みんなに申し訳が立つような道を探るのです。近江商人の「三方よし」になぞらえて言えば、「八方よし（八方是（はっぽうぜ））」というところでしょうか。どれかをスパッと切り捨てたり、諦めたりはしない。

そのモチベーションを支えるのは、文化財を抱える者の義務感だけではありません。そういうことより**よほど重いと思うのは、すべてがつながっているという実感です**。未来のことも過去のことも他者のことも、「自分ごと」と感じるから、ともいえます。

仏教の重要な概念に「利他（りた）」ということがあります。「他者の利益になるように図ること」という意味です。普通の感覚からすると、そんなことができるのは身も心もリッチな人だろうと思ってしまいますが、ちょっとピントの外れた考え方です。**ここで思うべきは、どこまでが「自分ごと」か、です**。

長期目線の「利己」は「利他」

ある経営者の方とお付き合いがあります。彼の行動は実に「利他」的です。惜しげもなくお金を使って、ライバルを利するようなことをします。しかしその振る舞いはとても自然で、無理をしている感じが一切しません。めったにいない人物だと感心した次第ですが、そのうち、実際はとても利己的な人だということが見えてきました。「利他」に見える行動も、彼にすれば自分のためなのです。

長く広い視野の持ち主なるがゆえ、巡り巡っていつか戻ってくると思えるのでしょうし、人のことも自分のことのように感じてしまうのでしょう。立場上の義務感や見栄ではなく、切実な気持ちから発する行動だからさらりと自然で、見ていて清々しさを感じるほどです。彼が順調にキャリアを重ねているのは、結果

として生じる好循環のせいだと思います。

「自己」の領域を頭から身体へ、身体の外へどんどん広げようと提案しましたが、彼にはそれが自然にできているのだと思います。こういう感覚の持ち主が世界中に増えたらと、願わざるをえません。自分は狭苦しい家で寝起きしているけれど、本当の「我が家」は青い地球なのだ、くらいの感覚をうすうすにでも持つことができれば、「世界中の他人」に優しくなれるはずです。

目先の損失にとらわれない長期の目線を持つ

短く狭い視野に留まっていると、どんな活動であれ目の前の結果に向けて閉じていかざるをえません。**これからはビジネスの世界でも私生活でも、長く広い視野でものごとを考えることの意味がますます大きくなるはずです**。

たとえば、ライバル会社がピンチに直面したようなときには、足を引っ張るのではなく、あえて手を差し伸べることを考えたいところです。そのほうが第三者からも信頼されますし、後々支援してもらえる可能性も高まります。何よりライバルに元気を取り戻してもらって、一緒に業界を盛り上げたほうが、将来的には互いの業績拡大につながるかもしれません。

目先の生産性やコストばかりに目を奪われ、場当たり的な施策を繰り出して、どんどん事態を悪化させてしまうようなことも、視野が時空両面で狭すぎることの弊害です。自分と自分の組織の存在位置を俯瞰してゆったりと考えれば、すぐにはうまくいかなくても将来的に効果を生む投資ができたり、ポテンシャルの高い若手を大胆に抜擢したりということができるようになるはずです。

「ウチだけ自分だけ今さえ」よければいいという考え方は、もう大きく時代遅れです。**敵だと思っていた相手に歩み寄ることで対立関係が協力関係に変われば、かたくなに凝り固まっていた心の一部が柔らかさを取り戻します**。思考回路がほどけて、発想の幅がぐんと広がるはず。いろいろなことの歯車が噛み合い、きっといい方向に回りはじめるはずです。

三教図 【さんきょうず】

伝如拙筆（両足院蔵）。仏教の釈迦、儒教の孔子、道教の老子。三賢人が仲良く並ぶ。上部には２人の禅僧によって画賛が書かれている（右下参照）。重要文化財。

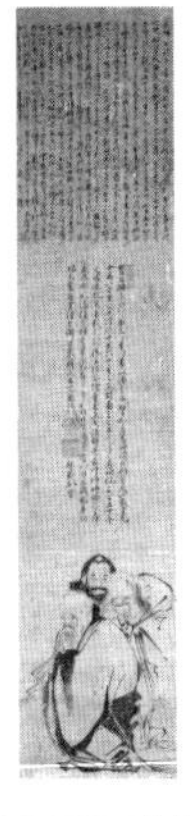

禅の言葉は多くの場合、ものごとをストレートに表現しません。その意味を説明されるとかえって混乱が深まったり、人によって解釈が違ったりすることもしばしばです。禅の教えを象徴的に映す禅画が古来、数多く描かれてきたのは、難解な観念をわかりやすく伝えるためでしょう。

日本における禅画の起源といえるのが、14世紀から15世紀に活躍した画僧・如拙が描いた『瓢鮎図』（国宝）です。時代は下り、江戸時代の禅画の名手といえば、白隠慧鶴と仙厓義梵。臨済宗中興の祖、白隠禅師は18世紀半ば、奔放な生き方でも知られる仙厓禅師は19世紀初め、ともに滋味深い禅画を膨大に描き、禅の教えを広めました。

禅画も豊かな「問い」の源

もっとも、禅画を見れば禅の世界がすっきりわかるかといえば、それは違います。たとえば、一筆で円を描く「円相図」。禅画の代表的なモチーフですが、その意味をすらすらと説明できる人がいるでしょうか？悟りや真理、宇宙のシンボリックな表現とも、見る者の心を映す鏡のようなものともいわれますが、唯一絶対の正解はありません。結局のところ、どう解釈すればいいのかと考えを巡らすことに意味があるのでしょう。それによって禅的世界、禅の真理への距離は確実に縮まるのです。

第3章でも紹介した如拙の『三教図』も、思えばよくわからない画です。仏教、儒教、道教の祖師を一幅に収めた、これも描き継がれてきたモチーフ。3つの教えは根本的に一致するという思想を表現したものといわれています。

禅画には余白に文字が書かれたものがありますが（画賛）、この絵も2人の禅僧が賛を書いており、詩的な表現も味わいの一つです。

禅画をじっくり見て意図を考え、自分なりの問いを立ててはどうでしょう。そんな時間の積み重ねが、自分の幅を広げ、人生を豊かにします。

「十牛図」
㊃得牛 とくぎゅう

第 4 章

禅とは 可能性を信じて 生き抜くこと

「禅とは何ですか?」

禅寺で暮らす僧侶という立場上、しばしば受ける質問です。多くの場合、私は**「可能性を信じ抜いて生きる態度です」と答えます**。たいてい怪訝(けげん)な顔をされるので、時間が許す限り説明の言葉を連ねるのですが、その際、「可能性」のニュアンスを伝えるために、決まって持ち出すのが「もったいない」という言葉です。

この言葉の背景には、「縁起(えんぎ)」という仏教の根本概念があると思っています。縁起とは、すべての物事はつながっている、つながることによって存在しているという教えです。単体で見たら捨てるしかないようなものも、必ずほかのものとつながっていて、互いに支え合っている。それだけの力と可能性を残しているのだから、工夫次第でいくらでも使い道が見つかる。あっさり捨てては「もったいない」……まったくその通りだと思います。

自己否定を促す「格言」を警戒しよう

たとえば、お茶がら。ただの生ゴミと思いがちですが、それは大きな間違いです。ちょっと乾かして床に撒き、それからほうきを使えば細かいチリをすっきり取り除くのに役立ちます。お茶がらを載せた小皿を戸棚にでも入れておいて、消臭剤として使う手もあります。禅寺ではそんなふうに、物の可能性をどこまでも生かします。

大切なのは、物をもったいないと思えたら、次にはこの考え方を人にも展開することです。手始めに「自分のもったいなさ」を考えてみます。

このとき何より戒めるべきは、「どうせ自分なんか……」という自己否定です。

世の中には昔から、自己否定を助長する空気が根強くあります。「足元を見ろ」「身の程を知れ」「分をわきまえろ」など、可能性を強力に否定する格言めいたフレーズには、特別な警戒が必要です。

どれも理屈としては間違いではないので、親や先生、上司のような立場の人から言われたら、反論するのは困難です。もちろんうぬぼれたり、おごったりするのは、いいことではありません。ですが、なすすべもなく受け入れて、おかげで心が縮こまってしまい、せっかくの可能性に蓋をしたまま生きている人がどれほど多いことか。まさに「もったいない」ことです。

たった一言を糧にした「幸せなピアノおやじ」の話

最近、自他共に認める「幸せなピアノおやじ」の話を聞きました。知人が言うには、ピアノおやじの口癖は「今日は最高!」。酒に酔ってのことにしろ、会えば必ず一度はそう口にするのだそうです。今はほぼ隠居状態の彼ですが、つい最近まで、実に半世紀にわたってジャズピアニストとして活躍していました。

専門的な音楽教育を受けたことなどない、文字通りのたたき上げ。それでも厳しいプロミュージシャンの世界を生き抜けたのは、もちろん天性のセンスのおかげですが、それにも増して超ポジティブな本人の性格と、ある恩人の一言が大きかったようなのです。

生まれた家にはピアノなどなく、親はわざわざ外で習い事をさせるようなタイプではありません。ピアノのことは、小学校の先生から基礎の基礎を教わっただけだとか。

「ピアノにのめり込んだのは、学校で弾いた時に褒められたから。でも一番効いたのは、その先生が卒業式の時に言ってくれた一言らしいんです」と、知人は言います。

その一言とは、「背伸びをすれば伸びるんだ……」。ジャズの世界に地歩を刻む過程で、彼は名うてのジャズクラブを訪ね回っては、道場破りさながらのセッションを繰り返したそうです。彼にすれば、せっせと「背伸び」をしたのでしょう。

このように言葉には、とてつもない力があります。時にただ一言が、人間の可能性を潰す。逆にただ一言に励まされた人が、可能性の芽を育て、大きな花を開かせることもある。**そして「問うこと」を追求する禅的思考は、言葉の力を引き出して縮こまった心をほどき、可能性を信じる方向に導きます。**

自分の可能性を信じ抜ければ、他人についても同じことができるようになります。とかく私たちは、「あの人はいつもこう。だから明日もこうに違いない」と決めつけがちです。**しかし心の柔軟性を取り戻せば、自分のことであれ他人のことであれ、この種のパターン思考に陥らずに済みます。**

可能性を信じ抜いた禅のスーパースターたち

「禅とは可能性を信じ抜いて生きる態度」という話をしました。

「ピアノおやじ」さんは、禅の心を見事に実践した人だと思います。**自らの可能性をとことんまで信じることができたからこそ、恵まれた環境ではなかったかもしれませんが貪欲にピアノに打ち込めた。**想像するに彼は、言葉に加えて音で問い、音で対話することを、我を忘れるまで繰り返したはずです。その果てにプロに欠かせない何かをつかんだのでしょう。もしかすると正気と狂気の境目に近づくくらいのことは、あったのではないか？　プロの世界とはそういうものだと思います。

禅の先人たちもそうでした。日本に禅を根付かせたスーパースターといえば、臨済宗の栄西禅師、曹洞宗の道元禅師。彼らが活躍した12世紀から13世紀の仏教界は、末法思想の広がりを映す惨状を呈していました。権力争いと形式的な論争に血道を上げていた仏教人に危機感を覚えた栄西禅師は、比叡山を下りて中国(当時は宋)に渡り、ほぼ50年遅れで道元禅師も後を追います。

木造船しかなかった当時、言葉も通じない異国に渡って過酷な修行に挑み、かつ新知識を学ぶのは、想像を絶する難事です。栄西禅師に至っては2度にわたって海を越え、仏教の本場、インドを目指すことすらしました(その夢はかないませんでしたが)。

そして彼らは、新たな禅の世界を開いたのです。日本の仏教を放置できないという危機感がまずあったにしろ、お釈迦様の仏教の原点、身体を使った修行を中心に据えた仏教の可能性を信じ切っていないと、できることではありません。

信じ切ればこそ断じて諦めないのは、禅の世界の伝統的な態度です。禅の来し方には、正気の沙汰とは思えない熱意で、極限までトライし続けた先人の逸話がたくさんあります。

たとえば、「慧可断臂（えかだんぴ）」。禅の草創期に活躍した、中国の慧可という高僧の話です。禅の始祖・達磨（だるま）に入門を許してもらうために、彼はなんと左手を切り落として、決意のほどを示したのだとか。今となっては信じられない過激なエピソードですが、本当のことかどうかはこの際、問題ではないでしょう。現代に生きる私たちは、それくらいの強い気持ちが大事なのだという、先人の声を噛みしめるべきなのだと思います。

言葉が持つ、無限の可能性

物と人の次に、ぜひ関心を向けてほしいのが、言葉の可能性についてです。すでにうすうすおわかりの通り、言葉へのこだわりは禅的な態度といえます。一方で、3章でもお話しした通り、仏教は「分別」にとらわれすぎることを戒めます。ここに小さくない矛盾があることにお気づきでしょうか。分別とは、言い換えるなら理屈のことで、理屈とは言葉の組み合わせにほかなりません。つまり言葉は、警戒するべき分別の最たる道具なのです。

にもかかわらず**禅が言葉に注視するのは、世の中のさまざまな概念を他者と共有するには、言葉を介するよりほかにないから**です。人間の意識(あるいは世界)は言葉で成り立っている、と言っていい。それくらい言葉まみれ、言い換えるなら言葉が作り出す概念に縛られているのが人間というものです。もはや言葉の存在と役割を否定している場合ではなく、**言葉を解きほぐし、概念を解きほぐすことにこそ、心を砕くべきではないでしょうか**。

一方、「**言葉の限界」ということへの深い理解も、禅が言葉という道具にこだわる理由です**。言葉の解釈は人それぞれ違いますから、考えていること、感じていることを伝えても、相手がその意味を100%わかってくれることはありえません。特に「何がどう美しいか」といった質感を伝えるのは、至難の業です。だからこそ、無理と知っているからこそ、吟味した言葉を何層にも重ね、時にはそぎ落とす作業を繰り返すことで、理解の精度をどこまでも高めようとします。

言葉の意味が時と場合によって一定でないことは、コミュニケーションの道具としての不完全性ですが、同時に一つのよさでもあります。**これまた禅が大事にする柔軟性につながる特質だからです。言葉が世の中の変化を映しながら、時**

には意味を変化させるあたりに、私は物や人と同様の豊かな可能性を感じます。

柔らかな心を手に入れるため、言葉に磨きをかける

ある言葉の使い方がいつの間にか、微妙に変わった。今まではなかった意味やニュアンスを帯びるようになった。そう気づくことはないでしょうか。たとえば「ヤバい」は、以前なら問答無用でネガティブな言葉でしたが、今はそうとも限りません。世代にも相手との関係性にもよりますが、特に若者の間では「あいつヤバいね」が最高の褒め言葉になったりします。

古い言葉がまるで生き返ったように、急にみんなが使うようになるのも興味深いところです。「忖度(そんたく)」などは代表的でしょう。ついこの間までは読み方すらあやふやだったこの古くさい言葉を、今や小学生までが連発しています。代わり

に使える言葉はいくらでもあるような気もしますが、今の今、表現したい微妙なニュアンスにぴったり合うのは「忖度」なのでしょう。

そう考えると、特にビジネスの現場で、これでもかと横文字が飛び交っていることにも、それなりの意味があるのです。コンセンサス、アライアンス、シナジーなどなど、多くの英単語が常識化していますが、日本語では表しがたい成分がそこには含まれているのでしょう。日本人同士だからこそ、あえて英語を使うことに意味(おシャレ感、知的な感じのアピール?)があったりもします。

「日本人なのだから日本語を使えばいいのに」とぼやきたい気持ちはわかりますが、それは心が硬直化しつつあるサインかもしれません。時代の変化、社会の空気の変化を受け入れる柔らかな心を保つためにも、五感同様、言葉に対するセンスもさび付かせてはいけないと思います。

「ないもの探し」の癖が寂しさを招く

「禅とは何ですか?」という素朴な疑問に、「**禅とは『あるもの探し』です**」と、答えたい気持ちもあります。

すでに触れた通り、瞑想は意識的な呼吸に始まります。リラックスすること、心と身体のつながりを再確認することが目的ですが、これを「身体がそこに『ある』ことに気づくため」と表現することもできます。私たちは身辺に当たり前のようにあるものが、たった今もそこにあることを、つい忘れてしまいがちです。その存在をあらためて意識に上らせることには、決して軽んじてはいけない意味があります。

人間の意識には、放っておくと「ないもの探し」をする性質があります。進化の過程で、自分の命を守るにはよくない事態を想定しておいたほうが無難だと学習したせいで、自然とそうなったのかもしれません。生きていくために必要なのにないもの、足りないものを、つい探してしまう。それが習い性となっているから、「あるもの」への目配りが手薄になるわけです。結果として、感じなくてもいい寂しさ、欠落感にとらわれ、うつうつとした気分に苦しんだりします。

そもそもが命を守るための本能的反応であることからすると、生きる能力の高い人＝仕事のできる優秀な人ほどその傾向が強いのもうなずけます。思えば仕事というものも、多くの場合、欠落を見つけてそれを上手に補うことだったりしますから、放っておくと「ないもの探し」スキルにどんどん磨きがかかってしまいかねません。**意識的に「あるもの」を再確認する禅の思考アプローチが、今こそ求められるのです**。

会社に尽くした超一流大卒エリートの末路

知り合いの編集者から、あるエリートサラリーマンの話を聞いて、今さらながらその思いを強くしました。

彼は超一流大学を卒業し、誰もが知る大企業に入り、その後もそこそこ順調にキャリアを重ねたそうです。しかし、日本を代表するその会社には似たようなエリートが大勢います。ピラミッドの高みが近づくほどポストも減っていきますから、誰もが役員の席に座れるわけではありません。あと一歩のところで出世コースから脱落した途端、彼は50代半ばで目標を失ってしまったのだそうです。「抜け殻のようでした」と、その編集者は振り返ります。

「自分は入社以来ずっと、会社に与えられた仕事を精いっぱいこなしてきた。なのにいきなり、もうがんばらなくていい、これからは自分の好きなことを見つけて生きろと言われた、のだそうです。MUST一筋で来たのに、急にWANTで生きろと言われて、戸惑ってしまったんですね。フリーズ状態です。突然やりたいこと(WANT)をやれと言われても困る、そう簡単には見つからないって、嘆いていました」

彼がどんな仕事をしていたのかはわかりませんが、人一倍「ないもの探し」に長けているのは間違いないでしょう。彼ほど身辺に明らかなる「あるもの」が豊富な人はなかなかいません。生まれながらの能力、人も羨む学歴とキャリア、おそらくは仕事で生じた人との接点も(形だけのことであれ)、数多いでしょう。「自分には何もない」などという状態ではないはずです。

何もないところにこそ、無限の可能性が開ける

ここで思い出すのは、ＡＤＨＤ（注意欠如・多動症）と診断された子どもと、その母親に取材した新聞記事です（朝日新聞・２０２０年12月10日付）。

学校に適応できず、いじめに苦しみ、一時は「どうすれば死ねるの？」とまで訴えた小学４年生。母親も「この子が死んだら後を追おう」とまで思い詰めましたが、それでも子どもが置かれている状態について学び、向き合い方を変えるなどの奮闘を続けたといいます。

そんなある日、学校で出された「自分のいいところを考えよう」との課題に、その子が答えた言葉が、母親に途方もない幸福をもたらしました。しわくちゃのプ

リント用紙には、**解読に苦労するような文字でただ一言、「生きてる」と書いてあったのです**。

この話は「自転車とは何なのか?」という問題に通じます。自転車はいくつものパーツからできています。それらのうち自転車が自転車であるために必須なのは何でしょう。サドルを取ったらどうだろう、ペダルは、タイヤは……? などと考えているうちに、わけがわからなくなります。最終的に気づくのは、自転車の要件は「人を乗せて走る」という機能を果たすことであって、パーツのありなしは関係ないということです。

「あるもの探し」とはこういうことです。身の回りにいろいろありすぎると、何か一つのこと、たとえば、ただ生きている、人を乗せて走れるということの豊かさ、尊さを忘れてしまうのです。「持ち物」に乏しいほうが、むしろ幸福に近いことがわかります。

ついでに言葉を重ねるなら、**無限の可能性は何もない状態の向こうにこそ開けているといえます**。今パートナーがいない人には、今パートナーがいないからこそ、いずれとんでもない良縁に恵まれる可能性がある。妻や夫への不満をたえずグチっている人より、よほど幸せなのです。

禅の力がビジネスにもたらす効用とは？

禅的な態度、考え方を身につけることが、生きていく上でどのように有用か、理解がじわじわ熟してきたのではないかと思います。**自分を縛る言葉をほどき、かたくなに凝り固まった心をほぐすことで、人としての柔らかさを取り戻せること**。**自分の領域が世界にも他者にも広がり、発想と行動の自由度が高まること**。非常に大ざっぱにまとめれば、だいたいこのようないい影響が、禅にはあります。

分野を問わず人生のあらゆる場面で、人に力と豊かさをもたらします。

ともあれ、特にビジネスにおいてどのような効用があるか気になる向きも多いことでしょう。よく問われるテーマでもあるので、ここにあらためて私の思うところをお伝えします。

一言に凝縮すると、**人を自立に導く**、ということだと思います。心がほどけ、柔らかさを取り戻すことで味わえる充足感は、自分と他者の可能性を信じる力となり、そのことはまず、今その場にあるものごとのポテンシャルを追求する姿勢につながります。まったく無駄なものなどないこと、そして使えるリソースが目の前にあることに気づく。

次には、自分の責任で自分のすべきことを主体的にできる状態、すなわち自立に導きます。上司に言われたからではなく、主体的なスタンスで仕事と向き合えるようになる。そもそも仏教の目指すところは、自立とその先にある自由（「自らに由る」こと）なのです。

目の前の仕事がその場ですっきり完結しているのではないことを意識できるようになることも重要です。わずかではあっても、巡り巡って業界を超えた世界中の広い領域に影響を及ぼすことに、思いが至るようになる。こうなれば仕事への取り組み方も、仕事の質も変わってきます。

「問う」力、そして精神的なレジリエンス（回復力）が養われることによる、コミュニケーションの変化も期待できるでしょう。部下にも上司にも、長く広い視野で向き合えるようになる。

「こいつは前にこういうことを言った、だから信用できない」ではなく、「あれはこちらの聞き方に誘導された結果の発言かもしれない」というように、相手の可能性に目配りできるようになります。こういう考え方のできる人が増えれば、組織全体がレベルアップします。

禅の精神が、最近よくいわれるアンラーン（これまでの知識や価値観、思い込みを取り除くこと）に通じることも付け加えましょう。心が柔らかさを取り戻せば、それまで盲従していた考え方、やり方を改める余裕が生まれるからです。

まとめ

禅的な態度、考え方を身につけると……

1　人としての柔らかさを取り戻せる

2　自分の領域が世界にも他者にも広がり、発想と行動の自由度が高まる

○ 心がほどけ、柔らかさを取り戻すことで充足感が味わえる

⬇

○ 自分と他者の可能性を信じる力となる

⬇

○ 目の前にあるもののポテンシャルを追求する姿勢につながる

⬇

○「無駄なものなどない」ことに、気づける

3　自立に導かれる

上司に言われたからではなく、主体的なスタンスで仕事と向き合えるようになる。そもそも仏教の目指すところは、自立とその先にある自由（「自らに由る」こと）

「十牛図」
㈤牧牛 ぼくぎゅう

第 5 章

答えのない問いを問う意義

「質問」と「設問」の違い

仏教人としての私は、まだまだ若輩です。仰がんばかりの先達が数多くいらっしゃる中、禅のなんたるかを大上段から語ることには、躊躇（ちゅうちょ）せざるをえません。しかし、禅的な態度、禅的な生き方がどういうものかについては、骨身にしみています。

禅寺で生まれて以来、京都・建仁寺の塔頭（たっちゅう）、両足院の副住職を務める今日まで、たえず禅の空気にどっぷり浸って生きてきたからでしょう。ときに周囲があきれるくらいとことん考え抜くことが習い性となっているのも、禅の気とでもいうものを、日々吸収してきたおかげだと思います。

我ながらヘンなやつだと思いますが、学生のころには暇さえあれば友人を捕まえて、文字通り、禅問答のような議論をふっかけていました。愛ってなんだ、宇宙はなんのためにあるんだ、などと小難しい問いで相手を困らせ、誰もいないときには悶々と自問自答していました。

ほとんど趣味のように、今もしょっちゅう自問自答を繰り返しています。2020年からはオンライン坐禅会「雲是」を始め、参加者に問いを投げ続けています。「どこからそんなに問いが出てくるの?」と参加者に聞かれるほどです。設問を考えるのが好きで、毎週のように「設問研究会」も開いています。

ちなみに言えば、**「質問」と「設問」は違います**。質問はその場のその人にターゲットを絞って発するもの、設問は時と場所を超える普遍的な力のある問いです。いい設問は次の深い設問を生み出します。質問も一工夫で設問に変換できます。私はいつも、ありきたりな質問から設問を導き出せないかと考えています。

そんなことを飽きずに繰り返しているからか、私は人一倍「問いのクオリティー」にこだわります。そして、いつも心にとどまって色あせることのない、大切な問いをいくつも温めています。自分のこだわりを、生きる意味すらを映す、それはいわば「座右の問い」です。すでにご紹介した通り、私にとっての座右の問いは、「今日来た人も100年後の人も心を動かす、両足院の美とは何か」。100年でも200年でも答えを探し続けられる、このようなテーマを持てるのは、とても幸せなことだと思っています。

「これは考えないための時間か、考える時間か」

私がこれほどまで「問い」にこだわるようになったのは、環境のせいも、持って生まれた性格のせいもありますが、**大学を卒業してからの3年間、僧堂で修行した**

日々の影響も大きいと思います。あの苦しかった、しかし今振り返るとたいへん意義深い体験で、もともとの自問自答体質に筋金が入った気がします。

ひたすら坐禅をする時間もありますから、当然、「自分はこれから何をすべきだろう」「同世代の友人は楽しく暮らしているだろうな」などの思いが頭を巡っていました。ほうきで掃き掃除をするのも日課でしたが、いくら掃いてもどこか足りない、でも修行で疲れた体は言うことを聞かない。ここでごまかすのか、もう一歩限界を超えてやり遂げるのか……常に葛藤と苦しさがありました。

修行が始まったころは、私も含め、みな苦悩した表情を隠せません。しかし、月日を重ねて臨界点に達すると、覚悟が決まって顔つきがスッと変わります。顔の中心が整うというのか、お地蔵さんのような和やかな顔になる。すると先輩もそれに気づき、関係性が変わります。禅僧としてクリアすべき、一つ目のハードルをクリアしたということでしょう。

とことん追い詰めることで、根本から精神を調え直す。今の常識からすると、厳しすぎるやり方です。耐えきれず、調う前に止めてしまう人も多いでしょう。しかし、私は心からありがたかったと思っています。あれがなかったら、今も我にとらわれていたのではないか？ **少々理不尽なことを言われても柳に風と受け流せるのも、「忘我」の感覚に親しめるのも、修行時にメンタルが底の底を打つ体験をさせてもらったおかげです。**

臨済宗には老師から公案というお題をいただき、それに対面で答える修行があります。いわゆる禅問答というやつです。「狗子仏性」（犬に仏性はあるか？）、「隻手の声」（片手で拍手した音とはどういうものか？）といった有名な公案を、ご存じの方も多いと思います。

私が修行道場にいたのはたかだか3年のことですから、公案について偉そうに語ることはできません。たしかに言えるのは、**老師との対話というこれまた特殊な体験が、私の自問自答体質を決定的にエスカレートさせたことだけです。**

あまり内実はお教えできないのですが、修行は自分のリミッターを振り切るまで行います。公案らしい公案に取り組むようになってからは、本当に途方に暮れたものです。考えても考えてもハッキリとした答えが出ません。坐禅をしている間もずっと考えざるをえず、困惑したのを覚えています。「これは考えないようにするための時間なのか、考えるための時間なのか？」と。

「正解VS不正解」の二元論が心を損なう

子どものころから考えこむタイプではありましたが、このときの体験が、中途半端に思考を止めず、どこまでも考える習慣を強固にしたと思います。それにも増して私にとって重要なのは、答えのない問いに答えを出すために考え抜くことの意味と意義が、心に深く刻まれたことです。

私たちは学校教育の中で、「問題には答えがある」と思い込まされながら育ちます。「答えには正解と不正解があって、正解でないものは不正解である……」。現代人の心のもろさの一因は、このようながちがちのパターン思考にあるのではないでしょうか。「正解VS不正解」という二元論が、どれほど人を苦しめていることか。

生きる上で、ただ一つの正解が用意されている問題はまずありません。決まった正解などないか、時と場合によって正解が変わるのが普通です。正解と不正解には必ず重なり合う部分がありますから、両者の間にはっきりと線を引くことなどできません。なのについ、ただ一つの正解を探してしまう。それが見つからないからと右往左往するうちに、疲弊してしまう人がたくさんいる気がします。

ただ一つの正解などないと思い切り、考え抜く

「これは何のレッスンだろうか」も、私が大事にしている「座右の問い」の一つです。「今直面している状況をどう受け止めるか、何を学ぶべきか?」をことあるごとに考えます。

これを思い定めたきっかけは、**仏教は生まれてきたことの意味を説いていない、と気づいたことです**。生きることはただ苦であり、人生には意味がないのかと、最初は少しショックでした。でも、だからこそ人格を磨くことに専念すればいいというのがお釈迦様の教えだとすれば、人生の目標を定めることに関しては迷いがなくなりました。一本の軸がすっと通り、生きることはなんて楽なのだろうと思い直しました。ならばと設定したのが、この問いです。

いつでもどんな場面でも通用する、深い箱のような無敵の問いだと思います。この問いに何でもかんでも放り込んで時間をかけて熟成させれば、いずれ役に立つ智慧に熟したり、役立たなくても味わい深い何ものかが育つかもしれません。

手前味噌ですが、今こそ重要な意味を持つのはこういう問いだと思います。**まず、正解などないのだと思い切り、それでも少しでも正解に近い答えを見いだすためにぎりぎりまで考える**。仮に有用な結果が出なくても、こうしたプロセスを習慣のように繰り返すことで、次第に心の凝りがほどけ、時空を超えて視野が広がっていきます。

時には強制的に。リセットで五感が敏感になる

修行時代の体験でもう一つ有意義だったのは、リセットすること、レセプター（感覚器官）を調えることの大切さを全身で学べたことです。

修行道場での生活には厳格な時間割があります。お日様の出入りに合わせるのが基本なので季節によって変わりますが、夏場なら3時半起床、朝食は5時半から。この問答無用のスケジュールに、私はいつも救われました。

道場では生活に必要な作業を、できるだけ自分たちでやります。修行僧は、障子を張り替えたり縄を編んだりといった軽作業から、土木作業までをこなさなければなりません。この作務の時間が、不器用な私には鬼門でした。失敗しては

怒られて、落ち込むことの連続でした。それこそ自己否定感にさいなまれるわけですが、時間がくればそこでスパッと終わって「はい片づけ」となる。ネガティブな気分が強制的にリセットされるので、引きずらずに済むのです。

今も僧侶として、普通の人と比べたら相当規則正しい生活をしています。ストレスをため込んだりすることもなく、心身の健康を保つことができているのは、日々の日課を時間通りこなしていることのおかげです。

上手にリセットすれば、全身のレセプターの感度がぐんと高まります。これは禅の営みに深く関わる重要事です。五感が研ぎ澄まされるほど、自己と世界のつながりを深く感じることができます。坐禅や瞑想をすることの意味も、つまるところはそこにあるのです。

人は「幸福の感度」を無意識のうちに抑制する

坐禅や瞑想は誰でもできます。最初は落ち着かなかったり、途中で寝てしまうことがあるかもしれませんが、慣れるほどに自分を深いリラックス状態に導けるようになる。心を解放して、レセプター（受容体）の感度を思い切り高められるようになります。レセプターの感度は、幸福の感度でもあります。つまり、ささいなことで幸せを味わえるようになる。質素な食事がひどくおいしく感じられたり、いつもはうるさいだけの蝉の声が、美しくいとおしく響いたりします。

この状態を表現するとき、「感覚を開く」という言葉が自然に思えるのは、私たちは普段、知らず知らずのうちに感覚を閉じているからです。たとえば、東京・渋谷スクランブル交差点の真ん中で感覚を全開にしたら、あまりにも情報量が多すぎて頭がまいってしまうでしょう。人が必要に応じて感覚を閉じるのは、そのためです。

命に関わるような危険が近づいた気配を感じたら、一気に開く。しかし、普段はほどほどに閉じておく。駅のホームにいるときなら、自分が乗る電車に関するアナウンスだけは聞き逃さないようにするけれど、あとはスルーする、ということを無意識のうちにやっています。だからこそ、思い切り感覚を開き、心を解放して、世界の今と一体化する時間を持つことが大切なのです。

心を解放する手段　手っ取り早いのは「サウナ」⁉

心を解放する上で大切なのは、感覚は開くけれど、入ってくるものについてジャッジはしないという姿勢です。感覚が開け、入ってくる情報量が増えると、普段は気づかないいろいろなことに気づきます。するとついつい、これはＯＫ、これはだめと、余計なジャッジを加えてしまう。流れてくるものを、なるほどそうかと流れるままにしておく。決して否定せずに優しく見守るという態度が、心をさらに解放し、自由にしてくれます。

両足院では初心者でも気軽に坐禅を体験できる機会を随時設けています。しかし、座ることに慣れていない方を「心を解放する」レベルにお連れするのは、容易なことではありません。時には、足がしびれてつらい思いをして終わってしまう方もいます。実は、手っ取り早く、人によってはあっけなく心を解放できる（かもしれない）方法があります。

我ながら拍子が抜けることに、その一つはサウナです。すぽーんと裸になって100度に迫る熱気に全身をさらせば、否定だの肯定だのと理屈をこねたり、いちいちジャッジしたりする心の余裕は、流れる汗と一緒に雲散霧消してしまう。

居合わせた客が、普段なら気にさわるに違いない駄弁をまき散らしても、そうかもねと聞き流すことができます。坐禅に興味があるけれど、そんな余裕はないという向きは、とりあえずサウナに飛び込んではどうでしょう。

満員電車は心を解放する理想的な環境

今どきは耳栓をして熱気に浸るサウナーも多いと聞きますが、私の考えではおすすめできない作法です。わざわざレセプターを塞いでしまっては、感覚が一気に開けることによるサウナの快感を損なうことになります。せっかく感覚が開けたなら、入ってくる刺激をしっかり受け入れたほうがいい。世界の不純物がはらむ豊かさを、じっくり味わうことをおすすめします。

それは坐禅、瞑想にもいえることです。静かな環境でないとできないことのように思われがちですが、そんなことはありません。むしろ、周りががやがやとうるさいほうが、自分を解放しやすかったりします。地下鉄の満員電車などは、深いリラクゼーションに浸る上で理想的な環境ではないでしょうか。人と世界と自分がつながっていることを、ストレートに体感できます。

そんなふうに考えると、極限まで声を出したりメンタルをどこまでも追い込んだりという、自分のリミッターを振り切る行為のことごとくが、レセプターの感度を上げることにつながるように思えてきます。さんざんつらい思いをして修行に耐えることの意味とは、つまりそういうことなのでしょう。

「十牛図」
㊅騎牛帰家 きぎゅうきか

第 6 章

思考を深める対話
ソクラティック・メソッド

あちこち回り道をしながら、「禅的」ということの意味をなぞってきました。ここまで読んだ方の心は、すでにそこそこほどけていると思います。本章はメインテーマ「ＥＸＰメソッド」に向かう準備の最後のステップです。

仲間と開催しているイベントに、「うごく哲学」というものがあります。まずは掃除をして身体を動かし、それから少し哲学的な対話をしようという趣旨です。これはぜひ試してほしいのですが、軽く動いて全身の血の巡りをよくすると、頭の回転がいくらかよくなる気がします。

「うごく哲学」では、言葉の甘えを禁止するために、難なく使える日本語ではなくあえて英語で話すことにしています。私は英会話の上級者ではありませんからちょっとしんどいのですが、普段とは違う思考回路を使うからか、自分の頭で考えざるを得ない状況がつくられるように思います。

ソクラテスは街に出ては問いに問いを重ねた

その「うごく哲学」で実践しているのが、「ソクラティック・メソッド」という対話法です。運営メンバーの一人に、哲学の修士号を持っているアメリカ人がいます。この方法を長年経験し、効用を知る彼が、いい対話法があるからと教えてくれたのです。

一言でいえば、ただ先生が話すのを聴くのではなく、対話することで理解を深めていく双方向のレクチャーということになります。アメリカでは小学生のころから、この手法でディスカッションの訓練をするのだそうです。日本でも一部の大学などで取り入れられていますから、体験した方もいることでしょう。

その名の通り、モチーフは古代ギリシャの哲学者、ソクラテスの対話法です。ソクラテスは街に出ては、さかんに人々と対話をしたといわれます。「君は何をしているんだ」と話しかけ、「教師です」という答えが返ってきたら、「教師とは何をする仕事か」と聞き返す。「教育です」→「教育とはどういうことか」→「人をよい方向に導くことです」→「よいとはどういうことか」、という具合に、問いを深掘りしていきます。

疑問をぶつけ合うことで思考の幅が広がる

私たちもいくつかのルールに沿って、これに似た対話をします。やってみると、これがとても「禅的」なのです。気づかなかったことに気づいたり、当たり前のように思って深く考えなかったことの意味が見えてきたりします。思考の幅が広がって、より柔軟な考え方ができるようになります。

本来は一対一でやるもののようですが、決まった型にとらわれる必要はないでしょう。回によって異なりますが、私たちはだいたい5～8人で行っています。

基本ルール（心得）は次の3つです。

①話し手の言葉を注意深く聴く
②疑問点は必ず質問する（わかったふりをしない）
③正直な意見を言う

たとえば、「魅力的な人が魅力的な理由について」のようなテーマをその都度決め、ファシリテーター（進行役）の人が全員が取り組むべき問いを2つ書き出します（これまで出会った一番魅力的な人は誰か、魅力的な人にはどんな特徴があるか、など）。

次に2~3グループに分かれ、みんなで疑問をぶつけ合うという流れです。時として話題はいつしかもともとのテーマから離れ、思わぬ方向に向かうことがありますが、それでもまったくOK。レジュメに沿った結論を出すことが目的なのではなく、**考えること、対話することじたいに意味があるのです**。

しっかり聴くほど生きた問いができる

このメソッドを実践していると、いろいろな発見があります。まず、基本ルール①についていえば、慣れないうちは、頭を空っぽにして聴くことに集中したほうがいいということです。つい②を意識して(何か質問しないといけないと焦って)いろいろ考えると、話が頭に入ってきません。そういう状態では、**何かを問えたとしても「質問のための質問」になってしまいます**。話の内容を要約して別の人に伝えられるくらい理解することを目指して、まずはしっかり聴く。そのうち聴きながらでも、そこそこ質問に備えられるようになります。

相手の話を自分のものにする(=自分ごと化する)ことができると、必ず興味を刺激される部分が見つかり、生きた問いができるようになります。何を質問すればいいかがわからないうちは、話の中に出てきた定義があいまいな言葉をチェックするといいでしょう。

たとえば「私が魅力を感じるのは、雰囲気が優しい人です」という発言に対してなら、「優しいとは?」「雰囲気とは?」と質問をすることができます。どちらの言葉も、人によってかなり解釈が違うからです。その人にとって(そして自分にとって)の「優しさ」「雰囲気」とはどういうことか、どういう範囲なのかを聞き、どんどん具象化していくプロセスは、そこにいるみんなの人柄がわかってきたりもして、あんがい楽しめます。

もともとの「問い」を、多様な方向に発展させることにも大きな意味があります。そこで大事なのは、意識的に視野と思考の領域を広げること、その「問い」のキーワード（たとえば、「魅力的な人」）をいろいろな角度から見直して連想する概念を探すことです。**言うなれば「問いを耕す」イメージでしょうか**。このあたりは次章以降で詳しく説明します。

「質問したい」心の反応は感性の輝き

「聴く」に関連して一つ強調したいのは、「これを質問したい」という自分の純粋な心の反応の価値です。ある意味、それは感性が光を発した瞬間です。興味の所在を再認識することは、自分のオリジナリティーへの理解を深めることにつながります。

③「正直な意見を言う」をわざわざルールとして定めるのは、裏を返せば、人はしばしば正直な気持ちを隠すからです。当たり障りのないことを言おうと努めたり、逆にユニークな印象を与えるために、わざと少しズレたことを言ったりする。これを言ったら相手がどう感じるか、自分という人間のイメージがどう変わるか、などを考えてしまうのもそうですが、要は人目を気にしてしまうのです。

相手を傷つけないように、その場の空気が丸く収まるように、といった配慮も無意識のうちにするでしょう。結果、なかなか正直な意見は言えないし、聞けないことになります。

そのことをまず正面から再確認した上で、**あえて「正直になる」スイッチを入れることは、このメソッドの一つの肝です**。もっともこれは、意見をストレートに言う、歯にきぬ着せずに言う、ことではありません。たとえば、断定するのではなく疑問型にするなど、相手の気持ちへの配慮は必要です。その上で、自分の正直な意見、疑問が伝わるようにする。探究心を断ち切ることなく、同時に相手の理解も深まるような、お互いにとって建設的な発言を心がけるのです。

「遊び」と「祈り」は恐怖から生まれた？

「うごく哲学」で、「『遊び』とは何か」が話題になったことがあります。

「楽しむこと」というシンプルな答えを筆頭に、「ゆとりのこと」（ハンドルの緩さを「遊び」というし、遊べるのは余裕があってこそ）、「誰かと戯れること」（「一人遊び」という言葉があることからすると、遊びは基本的に2人以上でやる行為と考えられる）、「酒を飲んだりギャンブルをしたり」（大人の遊び）、などの意見が出たと記憶しています。

それからの展開は記憶があいまいなのですが、いつものパターンからすると「人はどうして遊ぶのか」「遊びの必要条件は何か」「いい遊びと悪い遊びがあるとしたら、違いは何か」……といった具合に問いを重ねていったはずです。子どもでも日常的に使っている言葉だけに、普通は何も考えずに素通りしますが、あらためて意味を問われて、いろいろに考えを巡らすと、ひどく奥の深い概念だということに気づきます。

前置きが長くなりましたが、ここで言いたいのは、その日以来「遊び」について自問自答するうちに、なかなかいいアイデアがひらめいたことです。

それは「『遊び』と『祈り』の起源は同じで、共にもともとは『恐怖への対処法』だったのではないか?」という仮説です。あるとき、ふいに「神遊び」という言葉を思い出し、その連想から「祈り」が浮かびました。そして両者が似ていることに思いが至ったのです。

「梅干しからトマトへ」が急加速

太古の昔、人間はたえず命の危険と隣り合わせだったと思います。大きな台風でも来たら、死を覚悟したはずです。平穏なときでも、オオカミのような肉食獣が襲ってくるのではないか、そのうち食糧が手に入らなくなるのではないか、など、不安の種を考えはじめたらキリがなかったことでしょう。

頭がおかしくなりそうなくらい心配で、何も打つ手がないときでも一心不乱に祈るうちに、祈りに恐怖を和らげる力があることがわかってきた。というのは、十分ありえる話です。一方の遊びは、たとえば怖いオオカミを遠ざけるために、誰かが石を投げたのがはじまりかもしれません。それをまねてみんなが石を投

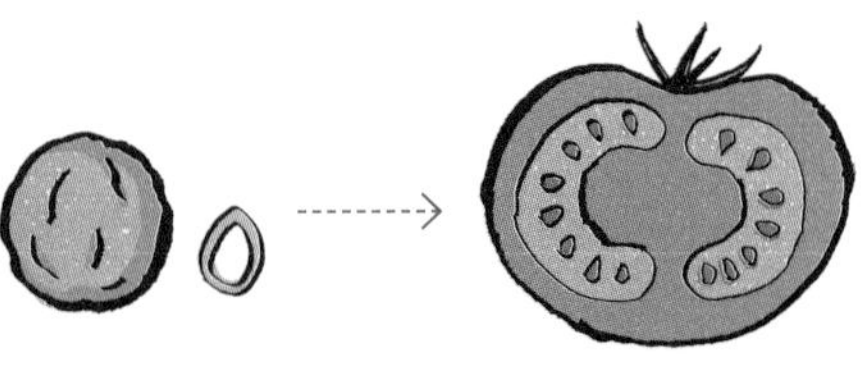

げるようになり、やがて誰が遠くまで投げられるかを競うようになった。夢中で投げ合ったら、つかの間、怖さを忘れ、しかも楽しかった。そういうことが遊びの起源ではないでしょうか?

英語で「遊ぶ」は「PLAY」、「祈る」は「PRAY」だと思い出した時には、思わず膝をたたきました。「やっぱり根っこは同じに違いない!」と。調べてみたら、この2つの言葉は無関係だったのですが(笑)。ただ、この問いから、無関係だったものに自分なりの関係性を見いだし、後に「遊びと祈り」をテーマにした展覧会も開催しました。

ただの思いつきと言われれば、それまでのことです。役に立つ見込みもないアイデアですが、たかだか「遊び」の一言から思考の時空が石器時代にまで広がったことには、我ながら驚きます。これを繰り返せば、発想の自由度が高まるのは間違いないでしょう。**意識的に問いを重ねる対話(そして自問自答)は、「梅干しか**

らトマトへ」を加速させるのです。

会話をリードするのは話す人より質問する人

「話す」ノウハウは昔から世の中に出回っていました。話し方教室のような学びの場も少なくありませんが、「聞くこと」に関心が広がったのは比較的最近のことです。時の流れとともに人の意識が変わってきたことの証でしょうし、好ましい変化だと思います。

「問う」「質問する」という行為は、池に石を投げ入れるのにも似た「起点」となる行動です。質問された方にも質問した方にも、波紋のように影響を及ぼし、そこから新しい発見やアイデアが、時には豊かな信頼関係が生まれたりします。本気で誰かに質問しようと思えば、そのための知識のインプットも、相手に歩み寄る心の構えも必要になります。聞かれた方は関心を持たれている気配を感じますから、多少なりとも互いの気持ちが重なり合うことになる。

少しドライな側面をいえば、聞き上手ほど対話を支配できるということもあります。**ペラペラと調子よくしゃべる人は、実はしゃべらされていることが多いのです**。よくよく聞いていると、話の展開を仕切っているのは、たまに一言ボソッと質問する人だったりします。

質問がブレークスルーにつながった「事件」

質問はコミュニケーションのテクニックでもあります。たとえば、立食パーティーなどで初対面の人と向き合ったときなど、話題がなくて困ることがあるでしょう。そんなときには、直感的に思いついたことを質問することです。それを機に有意義な会話が展開し、思いがけない果実を結ぶ可能性だってあります。

本章の締めくくりに、苦し紛れの質問が画期的なブレークスルーにつながった事例を紹介しましょう。

ことの発端は素数の謎(素数の間隔に規則性があるか否か)に挑んでいる数学者が、アメリカの研究機関を訪ねた時、たまたま有名な物理学者を紹介されたことです。数学者は面倒に思いながらも物理学者に会い、仕方がないので「何を研究しているのか」を互いに聞き合ったといいます。どうせ専門分野が違う同士、意味がないだろうと思いながら、目下の研究成果である素数の間隔に関わる数式を見せました。すると物理学者が目を剥いたというのです。「これは原子核のエネルギーレベルの間隔に関する数式と同じじゃないか……!」

この話の面白さは、でたらめにしか見えない素数の並びが、物質の構成要素の根幹を支えるエネルギー分布と重なること、つまり素数は世界の成り立ち（自然法則）と深く関係するらしいことが、わかったことにあります。**それが普段は顔を合わせることのない数学者と物理学者が、いやいや質問を交わした結果と聞いたら、興奮しませんか？**

このように、「問う」てみることの意味は大きいのです。

いよいよ次章から、「問い」を起点に自分をほぐし耕す「ＥＸＰメソッド」のレクチャーに入ります。そこに通底するのは、ここまで親しんできた禅の心。

さあ、深くて広い「問いの森」に分け入りましょう。

「十牛図」
㊆忘牛存人 ぼうぎゅうぞんじん

第7章

凝り固まった自分をほぐすEXPメソッド

新型コロナウイルス禍に突入した2020年4月、「雲是(うんぜ)」という名のオンライン坐禅会を始めました。私が話す日本語を英語、広東語に通訳。全世界から参加できるインターナショナルな坐禅会です。20年秋までは週5回、しだいに月3回、月1回と頻度こそ下がりましたが、22年12月まで約2年半続け、計100回、47もの国の人たちが参加者してくれました。

ただ坐禅をするだけの会ではなく、毎回テーマを設定して参加者に共有します。「愛」がテーマの日は、「最近、いつ愛を感じましたか?」「愛を与えることと受け取ることの理想のバランスは何対何ですか?」など、多面的な問いを投げかけ、参加者は坐禅をしながら考えを深めていきます。旅、恐れ、エゴなどさまざまなテーマで開催しました。これからご説明する**本書のメインテーマ「EXPメソッド」の種となっているのは、この雲是です。**

英語では「Experience」　経験と体験の違いは？

昔、「経験」と「体験」の違いは何かについて探求したことがあります。日本語では文脈によって経験と体験を使い分けていますが、英語ではどちらも「Experience」で表します。私たちにとって経験と体験のどちらが大切か？　もちろん両方大切です。では、自分が積みたいのは、経験なのか？　体験なのか？

続いて「成功」を引き合いにして考えてみました。私自身は、成功を経験するのではなく体験したいと思っています。体験のほうが成功に溺れることがなさそうだからです。では「失敗」はどうか。失敗は体験ではなく経験したい。経験のほうが学びが深いと感じるからです。

こんなふうに思考を深めていくと、経験は一度味わうと、元の人生とは違う状態を歩んでいくことを指すのではないか、というアイデアがおぼろげながらも浮かんできました。**経験の積み重ねは基本的に不可逆ではないか、と**。一方の体験は、体験を通して新たな気づきを得られることに大きな意義がある。特に身体性を伴う体験には、気づきが多いのではないでしょうか。

そこで思い出したのが、昔よく遊んだテレビゲームです。そのゲームでは「経験値＝E x P」(Experience Point)を積み上げて主人公の成長とともにストーリーを楽しみました。**私たちも人生の経験値E x Pを積み上げていくことに集中すれば、短期視点での損得や利害関係にとらわれることなく人生を歩んでいけるのではないか**、と思い至りました。

さらには、人生(生きること)を経験し尽くせば「生」に対して不可逆な状態になり、インド哲学でいうところの輪廻(りんね)(サンサーラ)から脱することができる。ひいては涅槃(ねはん)(すべての煩悩から解き放たれた悟りの境地)が見えてくるのでは……飛躍しているかもしれませんが、そんなことが思い浮かびました。臆することなくさまざまな体験に挑戦し、それをしっかり味わって経験を積み重ねていくことが悔いなく生きる方法であり、人生の醍醐味ではないか、と。


人生を終える瞬間に、自分はどちらを思うのでしょうか?

「人生を体験したか? 人生を経験したか?」

「生きることを体験したか? 生きることを経験したか?」

「exp」は経験値に結び付く概念?

では、経験を邪魔するものは、なんでしょうか。思い込み、知ったかぶり、恐れなどが思い浮かびます。それを取り去る方法が、EXPメソッドの「探索、表現、実験、展開」の4つのステップです。

- ○検索ではなく自分で考える**探索**
- ○(他人を)批判するのではなく、**表現**する
- ○正解を求めるのではなく、**実験**の機会を求める
- ○執着するのではなく、他人へ**展開**していく

探索、表現、実験、展開は、いずれもこれからの時代を生き抜くのに大切になる4つの概念ともいえます。そしてこの4つの言葉を英語にすると、くしくもすべてexpから始まります。探索=exploration、表現=expression、実験=experiment、展開=expansion。学生時代に英語を学び、接頭辞のexには共通の概念があることは知っていましたが、expから始まる言葉にも何らかの共通項があるのだろうか……と不思議に思いました。

そして、6章でお話しした「遊びと祈り」のように、私は仮説を立てました。

expは、経験値（＝exp）に結び付く概念ではないだろうか、と。自ら探索し、発見したことを自分なりに表現し、その表現を行動することで実験し、そこでの気づきを他人に展開していく。展開は、次なる探索の始まりも意味します。**探索→表現→実験→展開と、段階を追って思考を深める過程は、禅的思考の一つともいえるのです。**

正解主義から距離を置く訓練

EXPメソッドが追求するのは「問う」ことです。**問いのシャワーを自分に浴びせ、答えを考え抜くことで自分の幅を広げます。**

たくさんの問いに浸るとき、私はとても贅沢な気持ちになります。誰かとの対話はもちろん、仮に自問自答であっても問うて答えを探すのは、とても豊かな営みだと感じます。見えていなかった視点に気づく、自分の誤った思い込みに気づくといった経験を通して、少しずつ、しかし確実に自分の世界が広がっていく瞬間に立ち合う喜びが、そこにはあります。

EXPメソッドのゴールは、「考えを深め、広げること」、それによって「人としての柔らかさを獲得すること」です。問う力を鍛えるのは、目的ではなく手段と心得てください。

「問う」ことにも増して「考える」ことの比重が大きいということも、強調しておきましょう。当然のことながら、問うことも答えることも、考えることにほかなりません。ただ一つの答えなどないことを大前提に、あっさり結論を出さず根気よく考えることを(あわせて、直感的なひらめきを大事にすることも)意識してください。

私たちが学校や受験勉強で取り組んでいたのは、「正解」がある問いがほとんどだったはずです。しかし今は、「正解がない」といわれるVUCA（Volatility：変動性、Uncertainty：不確実性、Complexity：複雑性、Ambiguity：曖昧性）の時代。**「問題の答えは一つしかない」という正解主義から距離を置く必要があるのです**。そして、そのための訓練がEXPメソッドといえるでしょう。考えが詰まったところがブレークスルーのポイントになるかもしれません。**問いと向き合い、自分なりの答えを出す「プロセス」にこそ、価値があります**。

自分の中の空白領域に気づける

何かを体験することに積極的になり、その体験を経験に変換していくベースとなるのは、設問とともに思考することです。**自分にたくさんの問い**

を浴びせることは、たくさんの視点を手に入れることと同じ意味を持ちます。新たな問いに向き合うと、自分の新たな視点、感じ方に気づくことが少なくありません。

それは小さく凝り固まった「我」から離れ、多くの自分を認め、受け入れることにつながります。今までの確固たる自分がほぐれ、柔らかくなり、いわば「多我」化していく。**さらに進んだその先にあるのは、忘我、やがては無我です。**

すでに触れた通り、禅が示す「無」とは、「多」が極まった「無数」の「無」。これこそがＥＸＰメソッドが最終的に目指す地点です。言い換えれば、本著で一貫して問うてきた柔らかくて種が多いトマトの状態です。

無我の境地はさすがに遠いにしても、梅干しのようだった自分が「トマト化」すれば、人生は大きく変わっていきます。**重要なのは自分と外部とを明確に分け**

ている境界が、緩んでくることです。緩めば緩むほど、周りの人とスムーズに協力できるようになったり、周りを巻き込んで行動できるようになったりすることでしょう。言葉の意味を突き詰めることで、文字通りの固定観念がほぐれ、根拠に乏しい苦手意識が霧消したりもします。**まとめて言えば、人生の自由度が高まるということです**。

僧侶として気づくのは、次に紹介するプロセスの本質は、その昔、私が修行道場で体験した修行とどこか重なることです。修行では、自分ができないことが浮き彫りになります。「できる」と思っていたことが通じないことを思い知らされるのです。

自分の中には必ず空白領域があります。そして人は、まったく知らないことを探求しようとは思わないはずです。空白に気付かなければ、成長は望めません。修行では、その「ほどよい空白領域」が見つかります。「ここまでは分かっていたけれど、ここから先は分からないから勉強しよう」と思える瞬間があり、自分の空白領域に気づかされる。「無知の知」を獲得できるのです。修行を始めたときは何も知らない22歳の若者でしたが、自分が無知の塊であると痛感したからこそ、成長することができたように思います。

1人で取り組めばこれまで気づかなかった自分の一面が見つかり、2、3人などのグループで対話をしても大きな気付きが得られる。それがＥＸＰメソッドなのです。

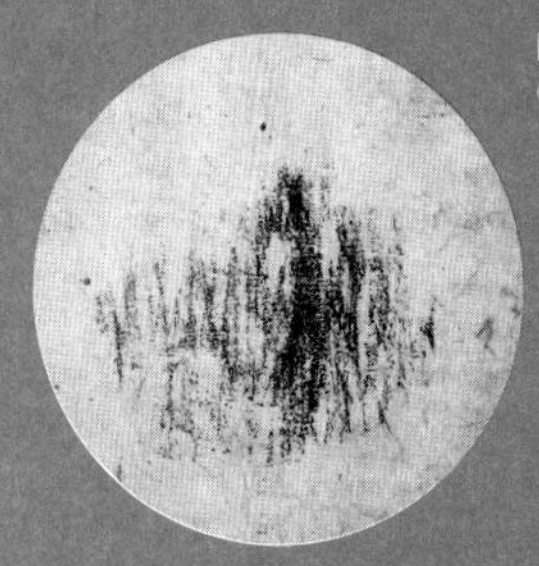

「十牛図」
㊇人牛倶忘 じんぎゅうぐぼう

第 8 章

EXPメソッドの4ステップ

探索〜表現〜実験〜展開

ＥＸＰメソッドの心得

４つのステップをことさら区別しなくていい

○ＥＸＰメソッドは、４つのステップ（探索：Exploration、表現：Expression、実験：Experiment、拡張：Expansion）からなります。まずは「ステップ１・探索」で土台を固め、その後、思考の空間をらせん状に広げていくイメージです。４段階に分かれていますが、各ステップは内容も意味も連動しています。

何度も繰り返すと考えが深まる。新たな発見も

○「ステップ４・拡張」までのプロセスを終えても、それで終わりではありません。もう一度、最初からやり直しましょう。時がたち、身辺の状況が変われば、同じ問いに対する答えも、問いへの向き合い方も、おのずと変わります。そ

の変化から自分の成長を読み取れるのも、このメソッドの大きな効用です。

まずは時間を区切って考える

○問いについて考えはじめると、答えを出せないまま収拾がつかなくなることもあるでしょう。もちろんそれも有意義ですが、今回は目安となる時間を提示しています。まずはその時間通りに「〇分考えたら、とりあえずの答えを出す」と決めて挑戦してください。

○もっとも、問いの中には、何分どころか何時間も何日も、考えたほうがいいものがあるかもしれません。そのうち一生考え続けたい言葉と問いに出合えたら、それは自分の本質に関わるテーマだということ。出合えただけで、途方もなく大きな収穫です。

メモ帳と辞書を手元に置く

○これも一つの提案ですが、手元に辞書を置いて折に触れて開いてみるのもいいでしょう。答えを模索するときに、心強い杖となります。ただし、辞書に書いてあること、たとえば反対語などは、あくまで「世間の一般的な認識」です。自分が持っている微妙なニュアンスとの食い違いを見つめることを意識しましょう。

○メモ帳やパソコンに向き合いながら考えて、頭に浮かんだことを書き留めておくのもおすすめです。どのような道筋で答えにたどり着いたのかを振り返ることには、大きな意味があります。

人との対話も、その後の「自問自答」も有意義

○考えを深める上で、他者との対話は大きな意味を持ちます。自分には思いもよらない考え方に触れることで、思考の地平はときに一気に広がります。可能であれば、誰かと、あるいはグループでの対話の中でも、このメソッドを活用してください。対話の内容を思い起こしながら、「自問自答」で思考を深めるのはさらに効果的です。

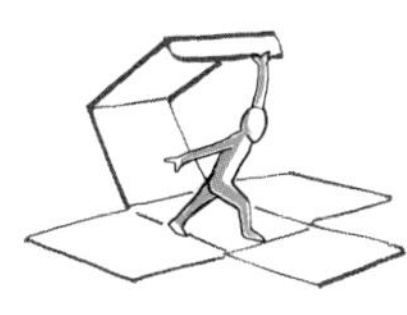

STEP0 問いの素材とする言葉を決める

まずはEXPメソッドで「素材とする言葉」を決める

決め方のヒント

○日々の暮らしの中で大事にしている言葉、心に引っかかっている言葉など、よくも悪くも関心のある言葉を選ぶのが基本です。

○あえてネガティブな言葉をピックアップするのもいいでしょう。自分が克服すべき課題に絡む言葉、耳にするとなぜか気に障る言葉などを選び、問いを重ねて考えを深めると、事態が好転するきっかけになったりします（「優しくなりたいのになれない」→まず「優しさ」を選ぶ、など）。

○ターゲットとなる言葉を決めたら、ステップ1〜4の問いに対して自分の心がどう反応したか、どんなアイデアが浮かんだかを、第三者的に見つめます。

○これまでに私自身がEXPメソッドに取り組む中で、「自分の幅が広がった」と感じたお薦めの言葉を提示します。ターゲットとなる言葉を決められない、見つかりづらい場合は、まずはこれらの言葉から挑んでみてください。

例

- 優しさ★
- 自信
- 愛
- モチベーション
- 丁寧さ
- 勇気
- 挑戦
- 信頼
- 失敗
- リスク
- 悲しみ
- 弱み
- ストレス
- 挫折★

「挫折」(p176)と「優しさ」(p178)には回答の一例があります。

STEP1

探索

Exploration

［言葉を深掘りする5つの問い］

STEP0で決めた言葉について、
5つの問いに答えてください。

A1

今までの人生で
この言葉に関する
大きな出来事は何か

A2

（自分の定義として）
反対の意味を持つ
言葉は何か

A3

それを失うと、
同時に失うもの
（or得られるもの）は何か

A4

この言葉の意味の解釈が
もっと深まると、
自身（私）の人生にどんな成果
（良い変化）をもたらすか

A5

この言葉を聞くと
誰の顔が思い浮かぶか

STEP0 | STEP1 | STEP2 | STEP3 | STEP4

STEP1
探索

A1

今までの人生でこの言葉に関する大きな出来事は何か

A2

(自分の定義として)反対の意味を持つ言葉は何か

A3

それを失うと、同時に失うもの(or 得られるもの)は何か

A4

この言葉の意味の解釈がもっと深まると、
自身(私)の人生にどんな成果(良い変化)をもたらすか

A5

この言葉を聞くと誰の顔が思い浮かぶか

STEP2

表現

Expression

言葉のイメージをふくらませる
5つの問い

STEP0で決めた言葉について、
5つの問いに答えてください。

B1

この言葉の色、形、大きさなど、見た目をどう描写するか

B2

この言葉の
重量、温度、質感を
どう表現するか

B3

この言葉は
身体のどの部分と
最も関係しているか

STEP0 STEP1 STEP2 STEP3 STEP4

B4

この言葉から連想する
3つの言葉は何か

B5

この言葉に対する
あなたの理解度、習熟度は
自己採点で何点か（10点満点）

STEP0 | STEP1 | STEP2 | STEP3 | STEP4

STEP2
表現

B1
この言葉の色、形、大きさなど、見た目をどう描写するか

B2
この言葉の重量、温度、質感をどう表現するか

B3
この言葉は身体のどの部分と最も関係しているか

B4
この言葉から連想する3つの言葉は何か

B5
この言葉に対するあなたの理解度、習熟度は
自己採点で何点か（10点満点）

STEP3

実験

Experiment

［言葉に「動き」を加える5つの問い］

STEP0で決めた言葉について、5つの問いに答えてください。

C1

B1を基に自分の服装でコーディネートするとどうなるか着てみたい服は？

C2

B2をテーマにした
商品やサービス、
アート（絵や映像）などの作品を
作るとしたらどうなるか

C3

B3の身体のコンディションを
上げるためにすぐに始められる
ことは何か

C4

B4の3つの言葉を
掛け合わせると
生まれてくる言葉は何か

C5

B5の点数を
1点でも上げるために
工夫できることは何か

STEP0 STEP1 STEP2 STEP3 STEP4

STEP3
実験

C1

B1を基に自分の服装でコーディネートするとどうなるか
着てみたい服は？

C2

B2をテーマにした商品やサービス、アート（絵や映像）などの
作品を作るとしたらどうなるか

C3

B3の身体のコンディションを上げるためにすぐに始められることは何か

C4

B4の3つの言葉を掛け合わせると生まれてくる言葉は何か

C5

B5の点数を1点でも上げるために工夫できることは何か

STEP4

展開

Expansion

［言葉の力を他者にも広げる
5つの問い］

STEP0で決めた言葉について、
5つの問いに答えてください。

D1

この言葉と
もっと近づいて（or離れて）
ほしいと思う人は誰か

D2

周りの人がその言葉について
話しやすく（表現しやすく）なるために
どんなサポートができるか

D3

この言葉の真価
（真の意味、本当の価値）が広まると、
世界はどう変化するか

STEP0 STEP1 STEP2 STEP3 STEP4

D4

10歳の人に
この言葉の意味を
どう伝えるか

D5

自分がこの言葉に対して
積極的になると
誰が一番喜ぶ（or悲しむ）か

STEP0

STEP1

STEP2

STEP3

STEP4

STEP4

展開

D1

この言葉ともっと近づいて（or離れて）ほしいと思う人は誰か

D2

周りの人がその言葉について話しやすく
（表現しやすく）なるためにどんなサポートができるか

D3

この言葉の真価（真の意味、本当の価値）が広まると、
世界はどう変化するか

D4

10歳の人にこの言葉の意味をどう伝えるか

D5

自分がこの言葉に対して積極的になると誰が一番喜ぶ（or悲しむ）か

【Step 1 探索】

Ａ１／今までの人生でこの言葉に関する大きな出来事は何か　**答／大学4年の頃、友人の思いに気づけず、大きな事故を止められなかったこと** ⇒このときの経験とこの友人の存在が、今の仕事を選んで続けている理由の一つでもあると思い至った　Ａ２／（自分の定義として）反対の意味を持つ言葉は何か　**答／平穏** ⇒成功と迷ったが、必ずしも成功ではない気がして平穏に　Ａ３／それを失うと、同時に失うもの（or 得られるもの）は何か　**答／（得られるもの）心の平穏** ⇒ただし、挫折のまったくない人生は成長がないので、物足りない気がする。心の平穏ばかりを求めているわけではない自分がいる　Ａ４／この言葉の意味の解釈がもっと深まると、自身（私）の人生にどんな成果（良い変化）をもたらすか　**答／挫折は恐れるべきものではなく、ときには歓迎すべきものと思えるようになる** ⇒挫折はできれば避けて生きていきたい。一方で、Ａ３で挫折がないともの足りないと感じる自分がいると気づいた。ポジティブな側面もあるんだろうなと思えた　Ａ５／この言葉を聞くと誰の顔が思い浮かぶか　**答／A1の友人の顔**

【Step 2 表現】

Ｂ１／この言葉の色、形、大きさなど、見た目をどう描写するか　**答／黒くおどろおどろしい。津波のように、一気にすべてをかっさらう大きな何か**
Ｂ２／この言葉の重量、温度、質感をどう表現するか　**答／地をはうように重々しいもの。べとっとしていて、冷たい** ⇒Ｂ１もＢ２も暗ーいイメージばかりが浮かぶ。やっぱり挫折をネガティブなものととらえているのかも……
Ｂ３／この言葉は身体のどの部分と最も関係しているか　**答／心** ⇒心を最も攻撃し、禍根を残すものだと思うから　Ｂ４／この言葉から連想する３つの言葉は何か　**答／暗黒、ブラックホール、成長**　Ｂ５／この言葉に対するあなたの理解度、習熟度は自己採点で何点か（10点満点）　**答／7点** ⇒それなりに挫折を経験してきたから。でもまだなにか足りない気はする

【Step 3 実験】

Ｃ１／Ｂ１を基に自分の服装でコーディネートするとどうなるか　着てみたい服は？　**答／全身黒一色でロングコート。スナイパーが着てそうなイメージ** ⇒とはいえ、こういう服を着たくはない。挫折のイメージを払拭するような、白いコーディネートで軽さのある服を着たい　Ｃ２／Ｂ２をテーマにした商品やサービス、アート（絵や映像）などの作品を作るとしたらどうなるか　**答／商品は「絶望キャンディー」** ⇒私の中で挫折と絶望はセット。挫折した事実は消えないけれど、絶望は自分の力でいつかは消滅させられるはず（と信じたい）。という視点から、「味わっているうちに絶望は消える」というメッセージを込めて「絶望」と書かれたキャンディー。最初は薬膳の苦みがある味で、次第に甘くなる。**作品は題して「荒**

海と目」⇒台風で荒れ狂う世界中の海を映した映像。荒れ狂う海との対比で、そこにだけ光が差し込むような台風の目も撮影したい⇒そんな危険なことができるのか分からないが、希望のニュアンスのある映像を作りたい　C３／B３の身体のコンディションを上げるためにすぐに始められることは何か　**答／適度な運動と毎朝SMAPの『Dear WOMAN』を聞くこと**⇒つい最近、この歌が世界で一番「私という存在」をたたえてくれる歌だと気づいた。聞くたびにテンションが上がる　C４／B４の3つの言葉を掛け合わせると生まれてくる言葉は何か　**答／宇宙**⇒これ以外はまったく浮かばなかった。宇宙は暗黒でブラックホールもあり、ブラックホールは成長し続けていると聞いたことがある(真偽のほどはよく知らない)　C５／B５の点数を1点でも上げるために工夫できることはなにか　**答／挫折を恐れず挑み、挫折したらそれを「味わう」という視点を持つ**

【Step４　展開】

D１／この言葉ともっと近づいて(or 離れて)ほしいと思う人は誰か　**答／同じ部署の若手社員**⇒その子が挫折したときにはサポートできる自分でありたい。70代を過ぎた父や母には、挫折のない平穏な人生を送ってほしい　D２／周りの人がその言葉について話しやすく(表現しやすく)なるためにどんなサポートができるか　**答／「挫折＝怖いもの、避けたいもの」と捉えている人がいれば、ポジティブな面を伝えたい。挫折のない人生って空虚では？と**　D３／この言葉の真価(真の意味、本当の価値)が広まると、世界はどう変化するか　**答／挑戦する人が増える**　D４／10歳の人にこの言葉の意味をどう伝えるか　**答／「最初は苦いけど、なめるほどに甘くなってくるキャンディーのようなものだから、気になったらなめてみてね」と伝える**⇒C２で考えた絶望キャンディーを渡しながら　D５／自分がこの言葉に対して積極的になると誰が一番喜ぶ(or 悲しむ)か　**答／悲しむ人は思い浮かばない。近しい人たちは「果敢だね」と目を細めて見守ってくれる気がする**

「挫折」について考えた感想

最初のA１が最も答えるのに苦慮した。失敗レベルの出来事はたくさん思い浮かぶが、挫折となると難しかった。すぐに思い浮かばない自分の人生は、もしかしてつまらないものなのでは、とも思った。ただ、挫折、挫折……と呟きながら考え続けたら、学生時代に友人のある行動を止められなかったことがずっと心のとげとして刺さっていることを思い出した。思いも寄らなかった。今回は挫折という言葉で行ったが、選ぶ言葉によっては、自分にナイフを突きつけられているかのような気分になるのではないか。逆に不思議な心地よさを味わえるよう言葉もある気がした。次は「愛」でやってみたい。

【Step 1 探索】
A 1／今までの人生でこの言葉に関する大きな出来事は何か　**答／10年前に身内がちょっとイレギュラーな死に方をしたとき、さほど近しい関係ではなかった会社の同僚が飲みに誘ってくれたこと** ⇒優しくされた実感がありました。それまでの人生では、そういうことがなかった気がします。他人からの優しさを意識する必要がない、ぬるい年月を過ごしてきたからかも　A 2／（自分の定義として）反対の意味を持つ言葉は何か　**答／無関心** ⇒笑ってしまうくらいおせっかいを焼いてくれる人がいます。昔ならうるさいだけだったはずですが、それは自分に関心を寄せてくれていることの証であって、ありがたいことだと思えるようになってきました。優しさというより愛を感じるべきかも。あるいは、優しさ＝愛のようなものなのかも。　A 3／それを失うと、同時に失うもの（or 得られるもの）は何か　**答／失うものは心の平安** ⇒人に優しくすることで自分の心が安らかになることがあります。何かのいいホルモンがその瞬間、脳内に分泌されているのは間違いないと思います。あるいは、優しさを失うと世界が狭くなるかも。（自分が認識している）世界の３分の１くらいが鋭角的に切り取られる気がします。　A 4／この言葉の意味の解釈がもっと深まると、自身（私）の人生にどんな成果（良い変化）をもたらすか　**答／楽になる部分があるかもしれない** ⇒というのは、優しさという概念に関して思考停止状態にある（一面的な捉え方にとどまっている）せいで、自分を不必要に縛っているため。優しくあらねばという常識に支配されている部分があるかもしれないため。優しさというのは表面的な肌触りのよさではなく、もっと多面的で、よくよく考えないとわからない場合も（たとえば、短期目線と長期目線の違いが、優しいかどうかの判断を分けたりする）あるということを整理できれば、優しいフリにエネルギーを使わなくて済むようになるかもしれません。結果、冷たいやつと思われたりして　A 5／この言葉を聞くと誰の顔が思い浮かぶか　**答／母** ⇒反射的に思い浮かびました。一般的なイメージにとらわれているからかも？ 自分にとって母が優しさのシンボルかというとそれは疑問です

【Step 2 表現】
B 1／この言葉の色、形、大きさなど、見た目をどう描写するか　**答／午後の日差しの色（微妙に赤みが交じった黄色）。楕円形の立体。雲のようにふわふわしている。人間と同じくらいの大きさ**　B 2／この言葉の重量、温度、質感をどう表現するか　**答／軽い。人肌。ふわふわ**　B 3／この言葉は身体のどの部分と最も関係しているか　**答／手のひら**⇒手のひらを通して優しさが人に伝わる部分もあるから　B 4／この言葉から連想する3つの言葉は何か　**答／ゆるい。やわらかい。温かい**　B 5／この言葉に対するあなたの理解度、習熟度は自己採点で何点か（10点満点）　**答／5点**

【Step３ 実験】

Ｃ１／Ｂ１を基に自分の服装でコーディネートするとどうなるか　着てみたい服は？　**答／そういう色（午後の日差しの色）のものを着る勇気はありません** ⇒恥ずかしいから。それはどうしてかを、突き詰めて考えるといいのかもしれませんが　Ｃ２／Ｂ２をテーマにした商品やサービス、アート（絵や映像）などの作品を作るとしたらどうなるか　**答／どうしてもイメージできません。思い切り困惑することにも意味があるのでしょうか……**　Ｃ３／Ｂ３の身体のコンディションを上げるためにすぐに始められることは何か　**答／そもそも手のひらを意識したことがないので、まずは意識を向ける**　Ｃ４／Ｂ４の３つの言葉を掛け合わせると生まれてくる言葉は何か　**答／ゆるい**　Ｃ５／Ｂ５の点数を１点でも上げるために工夫できることはなにか　**答／考える、経験を積む**

【Step４ 展開】

Ｄ１／この言葉ともっと近づいて（or 離れて）ほしいと思う人は誰か　**答／近づいてほしいのは姉** ⇒私に対しては優しいのに他の人にはそうでもない気がするので　Ｄ２／周りの人がその言葉について話しやすく（表現しやすく）なるためにどんなサポートができるか　**答／優しい言葉、行動と感じたら、それを５割増しぐらい大げさに指摘して褒める**　Ｄ３／この言葉の真価（真の意味、本当の価値）が広まると、世界はどう変化するか　**答／生きやすくなる。たぶん誰もが生きやすい世界をつくる上で一番大切な概念なので** ⇒今は「高度に優しい」気がします。誰もが「優しく振る舞うのが正しいという常識」に則らざるをえない空気があるような。誰かが開き直って常識に抗いはじめたら怖いなとも思います　Ｄ４／10歳の人にこの言葉の意味をどう伝えるか　**答／「優しくするのは結局自分のためだ。相手はともかく、自分は確実に気持ちがいい」**　Ｄ５／自分がこの言葉に対して積極的になると誰が一番喜ぶ（or 悲しむ）か　**答／喜ぶのは母** ⇒これまで冷たくしてきた気がするので

「優しさ」について考えた感想

人間社会の構成要素を突き詰めると、結局は「言葉」に行きつくような気がします。もともとそういう思いがあったからか、優しさというある種ベーシックな言葉（概念）について、それがどういうことなのかを深掘りすることは、とても有意義だと思いました。ベーシックな言葉ほど、単純に「こういうこと」と決めつけがちで、その思い込みが自分を不自由にしたり、他者の認識との不一致を産んだりします。自分の中でそういうことを理解することがまず大事ですが、それが本当に意味を持つのはそういう理解を他者とすりあわせて共有してこそだと思います。周りの人にも同じ言葉で試してもらい、回答を聞きたいです。

STEP 1

「探索」の意義と効用

■言葉の意味を「ほどく」ことで、思考回路が柔軟になる

○私たちは日常的に使う言葉の意味を表面的にしか理解していません。たとえば「優しさ」「正しさ」などにしても、誰もが望ましい概念として肯定的な認識を持っていますが、その先の本質を深く考える機会はほとんどないでしょう。

○いきおい、意味の捉え方が偏っていたり、狭すぎたりということは多いものです。誰もが少しずつ食い違う解釈を携え、その解釈(型にはまった思い込み、決めつけ)に縛られていることが、生きづらさや人間関係の不具合の原因だったりします。

Exploration

○このワークの意義は、ターゲットとする言葉を巡る多角的な問いを自分に投げかけることで、その意味を「ほどく」ことにあります。これを徹底すると、凝り固まった思考回路が柔らかくなり、束縛を脱した自由な考え方ができるようになります。

■「いい言葉」「悪い言葉」という束縛から自由になれる

○100％ポジティブ（あるいはネガティブ）な言葉はありません。だからこそ、あえてポジティブな言葉の否定的な（ネガティブな言葉の肯定的な）側面を考えてみることに意味があります。

○たとえば、「リスク」という言葉について考え、ほどいていくと、避けるばかりが正解ではないことがわかってきます。「どんな選択をしてもリスクはあ

る。問題はどのリスクを選ぶかだ」「リスクを取ってこそ味わえる満足感がある」といった考え方をする余地が生まれます。

○「弱み」という言葉も似ています。ないほうがいいものとばかり考えがちですが、あえて他人に弱みを見せることで安心感を与え、そこから信頼関係が生まれる可能性もあるでしょう。弱みのあることが努力のエネルギーになったりもします。そう考えると、自分の弱みを受け入れることも容易になるはずです。

■「言葉の因数分解」で問題解決への新たなアプローチが開ける

○「言葉の意味をほどく」ことを「言葉の因数分解」と言い換えると、イメージが掴みやすいかもしれません。

○「悲しみ」などは、その効果がわかりやすい言葉です。問いへの答えを探る時に、「『悲しみ』の概念を構成する成分は何か」と考えると、「悔しさ、寂しさ、愛しさ、痛み、つらさ、喪失感、脱力感……」などが浮かびます。「大きな『悲しみ』に直面している」とだけ考えると、ただ途方に暮れるばかりですが、それが「悔しさ」「寂しさ」「愛しさ」などが合わさった概念であることに気づくと、対処のしようがあるように思えてきます。

■あいまいだった概念が再構成され、人生を支えるツールに

○言葉の意味をほどくと、あいまいなイメージしか持たずに使っていた概念の輪郭がしだいにはっきり見えてきます。

○重要なのは「優しさ」「正しさ」のようなことが、具体的な行動、表現として意識に定着するだけでなく、その概念が今の自分にフィットするように再構

成されることです。必要に応じて言葉を再構成するスキルは、人生を支えるものになるはずです。

■問いを重ねると「自分の輪郭」が見えてくる。自分が変わる

○問いに答えるときの心の動きを観察するうちに、自分という人間の輪郭もしだいにはっきりしてきます。自分への理解の深まりは、望ましい変化への起動力となるはずです。

○特定の言葉に好感や嫌悪感のような気持ちの揺らぎを覚えたら、気づいていない自分の一面を知るチャンスです。その言葉をターゲットにしていろいろな角度からほどいてみましょう。

○私は以前、なぜか「成功」という言葉が苦手でした。人が口にするのを聞くと

ちょっとしたアレルギー反応を覚えたものです。そこで「成功」という言葉を素材に自問自答を繰り返したところ、その理由がわかりました。「『成功』は自分には縁遠い」という思い込みがあるせいだったのです。言葉は本来ニュートラルなのに、自分の勝手な解釈で概念を仕分けするということがしばしばあります。EXPメソッドではそういった思い込みをあぶり出します。それを自覚すると、意味のない苦手意識から逃れることができます。

○ポジティブな言葉を「聖域化」するあまり、自分をそこから遠ざけてしまうということもあります。「優しいことは素晴らしい」「立派な人ほど優しい」といった強い思いが、「(立派ではない)自分とは無縁」とばかり優しい気持ちを押しとどめてしまう。そうした心の動きを自覚するだけで、その後の行動が変わってきます。

STEP 2

「表現」の意義と効用

■表現することで「探索」した概念がさらに広がる

○「ステップ1・探索」では一つの言葉を起点に、その周辺に視野を広げて概念を解きほぐしました。ここではその概念をさまざまな形で表現するための問いを設定しました。これに取り組むことで、広がった概念がさらに豊かにふくらみます。

○たとえば「優しさ」を探索したなら、まずは広がった「優しさ」の概念を噛みしめ、反すうして、「自分ごと」にすることを意識しましょう。

○他人の目を気にしない自己評価は、立派な自己表現です。

Expression

■アウトプットすることで理解が深まる

○表現すること、アウトプットすることを前提にものごとと向き合うと、おのずとよく考えて理解を深めようとするものです。理解が深まれば、概念の解像度が実生活で即役立つレベルまで高まります。その概念との親密度が増して、より自由に付き合えるようになります。

○アウトプットする過程で新たに気づくこともあるはずです。表現しながら、心の声に耳を傾けましょう。

■「表現者」としての自覚を持つと生き方が変わる

○人生を生きる意味は人それぞれ違いますが、一つ共通することがあります。それは、何かをすること（あるいは、しないこと）は、すべて自己表現だとい

うことです。ルールに従う人もいれば、従わない人もいる。黒い服を好む人もいれば、奇抜な服を好む人もいる。ささいな行動だったとしても、すべてはあなたの思いの表現なのです。生きている以上は、誰もが「表現者」といってもいいでしょう。だから人目を意識せよ、ということではありません。「表現者」としての自覚を持つだけで生き方は変わってきます。

STEP 3 「実験」の意義と効用

■言葉の探索から生まれたアイデアが行動につながる

○言葉の意味を探索していくと概念の枠が緩み、ほどけ、思考の幅が広がります。その過程でさまざまなアイデアが浮かぶはずです。それらを基に実験的にできることを探ることで、考えがより深まります。さらには、より実際の

Experiment

行動につなげられるように考えることで、成果がふくらみます。

■実践できるアイデアが湧いてくる

○この「実験」のステップを難しいと感じる人、なかなか答えが見つからない人もいるはずです。ですが、「自分は表現者ではない」と思っている人にこそ、ぜひ挑んでいただきたい。今まで生まれなかったような考えが浮かんでくるはずです。

○ステップ2までで問いの素材にした言葉に対する考察を深めたはずです。その考察をベースに、日常生活に取り入れる要素は何かと考えることで、妄想的な思考ばかりではなく一歩踏み込んだアイデアが湧いてくるはずです。

○「実験」の成果の一つの事例は、私が第6章でお話しした「遊ぶ」についてで

す。この言葉について、EXPメソッドを通して思考をしたからこそ、遊ぶは「PLAY」、祈るは「PRAY」、「もしかして根底は同じでは?」という発想が生まれました。結局、何の関係もなかったわけですが、無関係なものに関係性を見いだすことで「遊びと祈り」をテーマに展覧会を開催できました。これがまさに「実験」の成果なのです。

STEP 4 「展開」の意義と効用

Expansion

■「自分だけがよければいい」意識から自由になる

。自分の枠の中だけにとどまらず、他者を巻き込んで考え、行動することで可能性が広がり、より多様で力のあるアイデアが生まれます。大切なのは長期的かつ広い視野で、他者と向き合う姿勢。結果としての好ましいインパクトは、巡り巡って自分に返ってくるはずです。

○私たちは他者視点に立つことを忘れがちです。問いに向き合うことで他者視点を取り戻しましょう。

■身近な他者との関係を見直すきっかけになる

○家族や職場の同僚など、おぼろげな違和感を放置している人との関係をあらためて考えて、よりよくする契機になります。

○はじめのうちは「利己」的なモチベーションから出発してもOK。むしろそれが自然です。「自分ごと」の範囲が広がるうちに、「利他」的な考え方が当たり前になっていきます

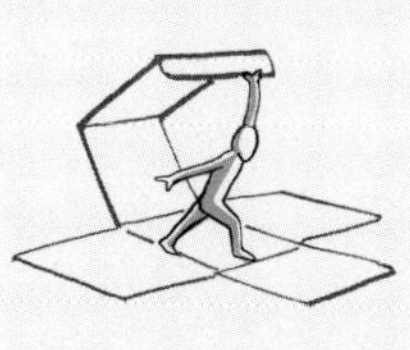

EXPメソッドと「十牛図」

問いを「らせん状」に連ねていくことで、忘我、そして無我を目指すEXPメソッド。探索から展開へと至る過程、そしてその心は、古来、禅の入門書として親しまれてきた「十牛図(じゅうぎゅうず)」とどこか重なる部分があります。

「十牛図」は中国(12世紀頃の北宋)の廓庵(かくあん)を筆頭に、多くの禅僧、画人が手がけてきた、禅の精神のビジュアルな表現です。10枚の絵を通して「修行僧はどんな過程を経て悟りに至るのか?」という、疑問に答えます。

登場するのは、さまざまな表情を見せる牛と牧童。牛は「悟り」の、牧童はそれを尋ね探す「修行者」のメタファーです。さらに重要なこのストーリーの核心は、牛は「本来の自分」だということ。「悟り」は遠いどこかにあるように思いがちですが、実は自分の中にある。これを心底理解するには、方々を尋ね(問い)探す過程が必要なのです。

十牛図

禅の入門書

スタートは探索

一 尋牛（じんぎゅう）
「牛」を探しはじめる

二 見跡（けんせき）
「牛」の足跡を見つける

三 見牛（けんぎゅう）
「牛」の姿を発見する

四 得牛（とくぎゅう）
力ずくで「牛」を捕まえる

五 牧牛（ぼくぎゅう）
「牛」を飼いならす

六 騎牛帰家 きぎゅうきか

「牛」の背に乗り、家に帰る

七 忘牛存人 ぼうぎゅうぞんじん

「牛」を忘れ去り、
ゆったりくつろぐ

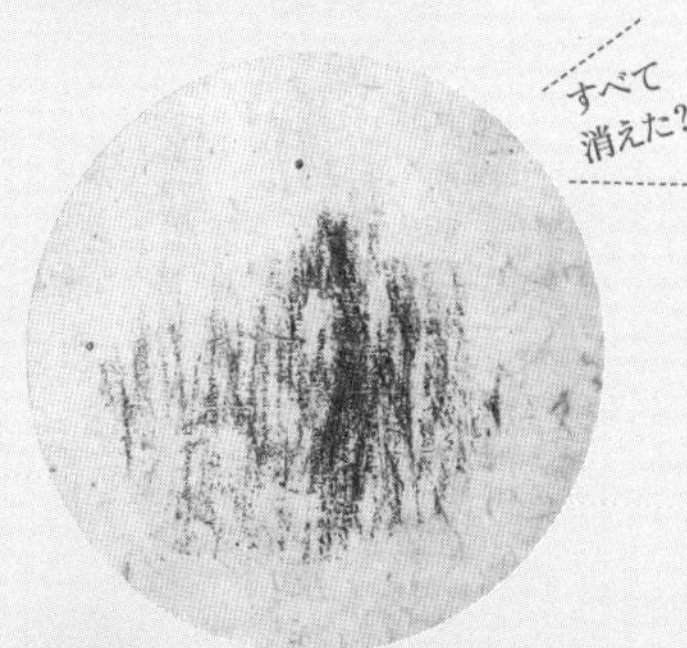

八 人牛倶忘 じんぎゅうぐぼう

すべては悟りの世界の
なかでの出来事

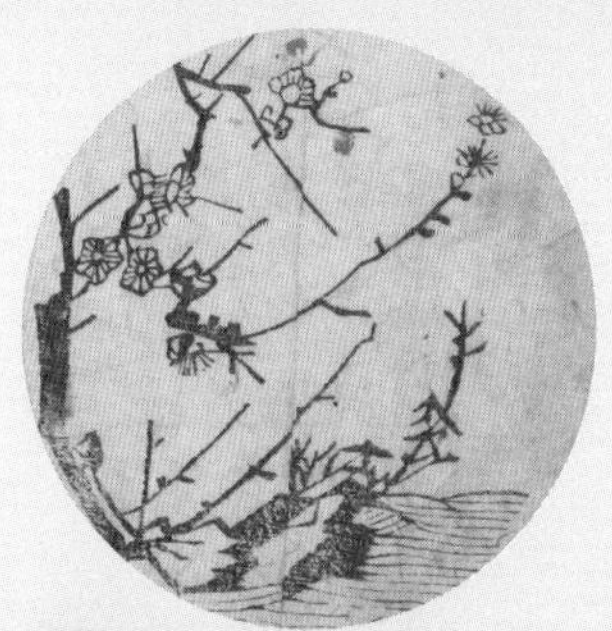

九 返本還源 へんぽんげんげん

森羅万象は
悟りの世界を語っている

十 入鄽垂手 にってんすいしゅ

町なかで人々のために
教えを説く

修行のはじめから、悟りに至り利他に生きるまでを10の図と頌(じゅ)(詩句)で解く。牛と牧童の関係が織りなす物語は、微笑ましくも謎めいている。

尋牛（じんぎゅう）

「牛」を探しはじめる

見えない牛の姿を求めて、きょろきょろとあたりを見回している牧童。心の迷いに突き動かされ、悟りを求めはじめた状態の表現です。

仏道修行にたとえるなら、優れた師と教えを探しはじめた「発心（ほっしん）」の段階。彼にはまだ、悟りが自分の中にあることなど思いもよりません。すぐそばにある大切なものを、人はつい見失いがちなのです。

見跡（けんせき）

「牛」の足跡を見つける

探し歩いた末、ようやく牛の足跡を見つけました。足跡が表すのは、先人が残した経典や師の教えのこと。それらに触れて、仏教の教理が少しずつわかってきた段階です。

励めば悟りに至るとの手応えを感じはじめますが、言葉による教えは「道しるべ」に過ぎません。参考にはなっても、それを理詰めで学ぶだけでは悟りにはたどり着けないのです。

見牛（けんぎゅう）

「牛」の姿を発見する

やっと遠い木陰に牛の姿を発見。牧童は「やった」とばかり勇み立ちます。牛の全体はまだ捉えられず、尻尾のあたりが見えただけですが、見つけたことに変わりはありません。

これは「悟り」の兆しを感じはじめた段階。捕まえようとしたら、逃げられてしまいかねない危うい状態でもあります。追い求めるべき悟りの全貌は、まだ理解の外です。

得牛（とくぎゅう）

力ずくで「牛」を捕まえる

牧童はとうとう探し続けた牛と出会います。この好機を逃してはならないと綱をくくりつけ、引き寄せようとしますが、牛は言うことを聞きません。「もしやこの牛は自分か」と思いながら、格闘します。

禅の修行でいえば、自分の心のあり方で人は仏にも凡夫にもなるとわかった段階。しかし自分の心は、煩悩に迷うばかりで容易に鎮まりません。

五

牧牛（ぼくぎゅう）

「牛」を飼いならす

やがて牛を飼いならすことに成功した牧童。綱を引けば素直についてくるようになりました。それでも気を抜けばすぐにでも牛は逃げ出しますから、綱も鞭（むち）も手放すわけにはいきません。

同様に、一応の悟りを体験しても油断は禁物です。より一層修行に励み、心と体を調え続けてこそ、揺るぎのない悟りの境地にたどり着くことができるのです。

騎牛帰家（きぎゅうきか）

「牛」の背に乗り、家に帰る

牧童は牛の背に揺られています。もはや彼の手に、牛を力で従わせるための手綱はありません。ついに牛を自分のものにしたことを誇るように、笛の音を響かせます。

これは悟りを自分のものにしたということ。迷いの中にいた牧童は本当の自分と出会い、一体化に成功しました。そして「元いた場所」ではなく「あるべき場所」へと帰って行きます。

忘牛存人（ぼうぎゅうぞんじん）

「牛」を忘れ去り、ゆったりくつろぐ

家に帰った牧童は一人きりです。そばに牛はいません。すでに牛は自分のものになったのだから、ことさら追い求める必要はないということです。

同様に、本当に悟った者は自分が悟ったことを意識しません。不安も安心も、欠落も過剰も気にかけない。ただ「足りている」と感じながらのあるがままの日常が、真の幸福というものかもしれません。

人牛倶忘（じんぎゅうぐぼう）

牛ばかりか牧童も姿を消し、ただ円だけが描かれています。これは悟りの境地の表現とされる「円相図」。画面に広がるのは「無」であり、世界そのものでもあります。

すべては悟りの世界のなかでの出来事

この円相図は、実は10枚すべてに描かれています。つまり、この物語の舞台は「悟りの世界」ということ。牛と牧童が消えたことで、それに気づかされる仕掛けです。

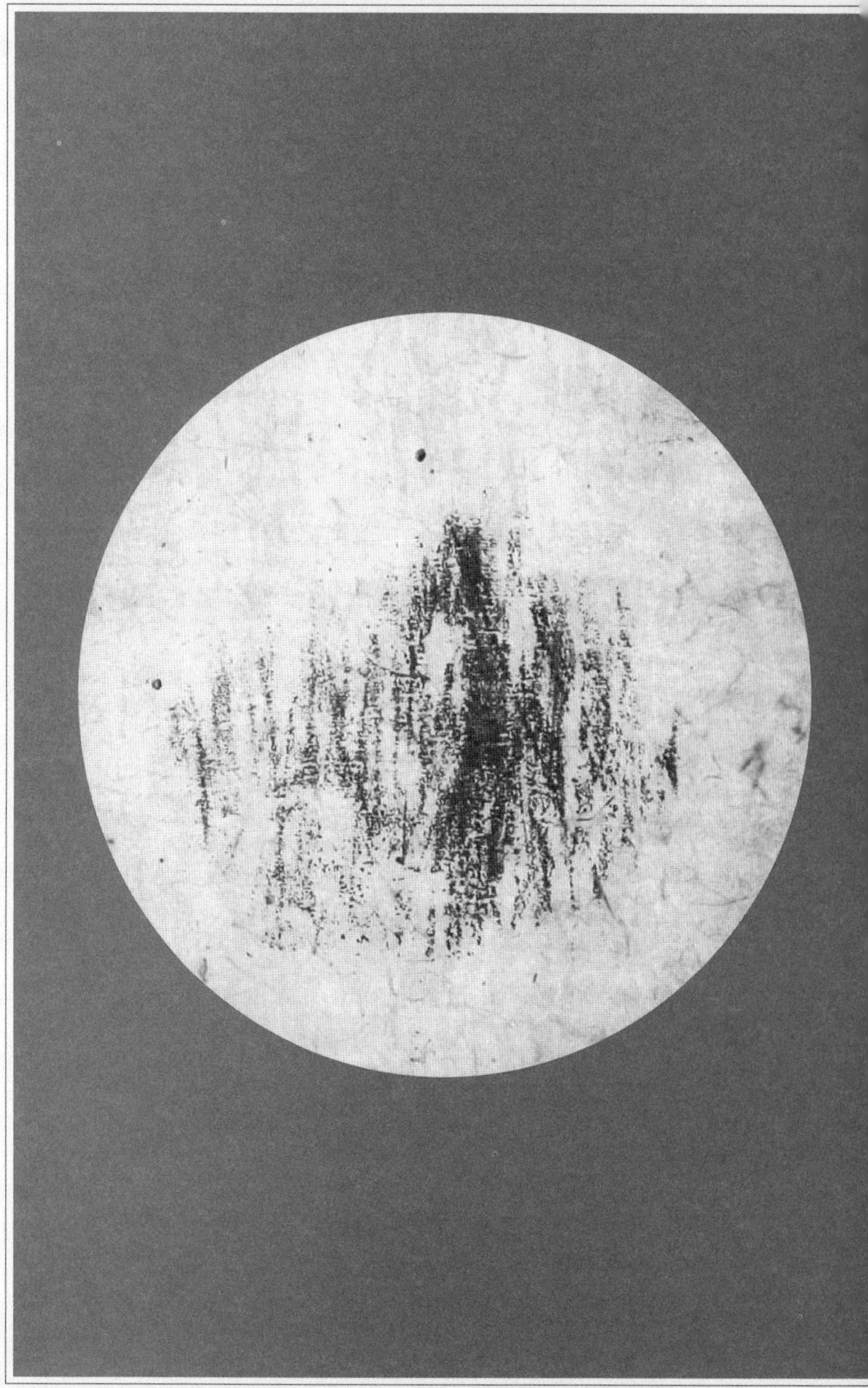

九

返本還源（へんぽんげんげん）

森羅万象は悟りの世界を語っている

「返本還源」は、元に戻る、はじまりに還（かえ）るということ。やはり牧童と牛の姿はなく、風景だけが描かれているのは、それが世の無常と悟りの意味を語っているからです。季節のうつろいとともに様相を変える山野草や生き物も、無言のうちに世界の実相を表現しています。人がそれに気づこうが気づくまいが、粛々として変わることのない豊かな営みです。

入鄽垂手（にってんすいしゅ）

町なかで人々のために教えを説く

牧童は布袋和尚となって町に出て、かつての自分のような童子と戯れます。民衆と触れ合い、その智慧で彼らを教え導くのです。

悟りは独り占めしたり秘密にしたりせず、皆のために役立てないといけません。人々と交わって影響を与え、自らも成長していきます。修行の果てに悟りを開いたお釈迦様もまた、そのように生きたのです。

おわりに

座右の問いを持つこと

アインシュタインが大事にした問題の定義

「地球を救うために1時間を与えられたなら、私は59分を問題の定義に費やし、1分で解決策を考えるだろう」

アインシュタインが残したといわれる言葉です。**かの天才物理学者は、答えを導き出すことにも増して「問いの設定」を重視した**ということ。「設問」の価値を

「十牛図」
㈨返本還源　へんぽんげんげん

発信する私としては、大きな共感を覚えるとともに、心強くも思います。

近年「答えのない問いに挑む」ことの重要性が高まっていることは、ビジネスの世界で「パーパス経営」が広がりを見せていることからもうかがえます。自らの存在意義に照らして経営判断を行うという、思えば当たり前のことに、企業の意識が向かってきた。**「自らが問う」「自らに問う」ことが、ビジネスシーンのみならず、誰であっても求められる時代の空気を感じます。**

私は坐禅会などでも、参加者に問いを投げかける時間を設けることにしています。こちらからの問いに応じて思考を巡らすことは、もちろん有意義です。7章でお話ししたオンライン坐禅会「雲是」でも、答えが用意されていない問いを探索することの大きな意味と意義をお伝えできたらと考え、実践してきました。「EXPメソッド」は、そんな思いを形にしたものです。

一人でこれを実践するのは、はじめのうちは少し辛抱がいるかもしれません。しかし慣れてくると、問いに答えを出すべく考えを広げていくことが、しだいに楽しくなってきます。コツを掴むほど加速度的に増していくその喜びは、知的快楽と言い換えてもいいでしょう。しだいに自ら問いをひねり出すことに関心が向いていくかもしれません。

そんな境地に近づくための道標を、ここに一つ示したいと思います。**それは、あなただけの「座右の問い」を見いだすことです**。簡単には答えの出ない問い。そもそも答えなどないかもしれない問い。なのに、気づくといつも頭の中を行ったり来たりしている問い。EXPメソッドを繰り返していると、そんな問いに出合えるはずです。夜空に尾を引く流れ星のように、いずれ現れるそれを目当てに、ぜひ問うことを続けてください。**これは、自分という人間の本質を模索する、終わりのない旅です**。

大げさな疑問、素朴な疑問を丁寧に拾い上げる

「座右の問い」を見つけるコツがあるとすれば、大げさすぎたり素朴すぎたりする疑問を、ぞんざいに扱うことなく拾い上げることです。生まれたばかりの子どものように、何も知らない前提で日々の生活を眺めれば、いくらでも疑問が湧いてきます。

たとえば「人生」「宇宙」「心」などは格好のキーワードです。「リンゴはどうして地面に落ちるのか」という、普通の大人なら歯牙にもかけない疑問が、世界を劇的に変えた事実を思い起こしてください。その種の疑問には、世界を変えないまでも、一人の人生をいくらかいい方向に向かわせるくらいの力は間違いなくあるのです。

好きなもの、嫌いなもの、今感じている不満、追求したい理想、といったことも、ぜひ丹念に探索したい問いの源です。それらを素材にいろいろな角度から自分に問いを浴びせてみてください。

「座右の問い」は心の底にあるこだわりから生まれる

問いを重ねることは、一つの生産活動といえるかもしれません。一が二になり三になり、ついには多、そして無になり、また大いなる一になる。問いの連鎖のその向こうに、何かが必ず開けることを、強調したいと思います。

いずれにしても、本当の意味で心の底に響く言葉や問いは、人それぞれ違います。自分のこだわりがどこにあるのかを、ゆっくりじっくり考えることから始めるといいかもしれません。

最後に、私の「座右の問い」を3つご紹介させてください。

『これは何のレッスンか?』

大きな心の揺れ、心の動きを感じたようなとき、たった今直面している事態から何を学べるかを問うことにしています。

『今の人も100年後の人も心を動かす、美とは何か?』

すでに紹介しましたが、常に私の頭にある問いがこれです。時と場合によって、「両足院の美とは何か」のように言葉を補います。

『いつ、誰に、どんな形でバトンを渡すか』

「私はバトンなんか持っていません。お寺の住職だからそういう思考になるのでは？」とお考えの方もいるかもしれません。ですが、誰もが必ず何らかのバトンを持っています。そして自分だけが持っているのではなく、みんながバトンを持っていると思えば、ラクになるはずです。おいしいコーヒーの入れ方でも、漬物の漬け方でも、犬のあやし方でも何でも構いません。いつ、誰に、どんな形で自分が持っているバトンを渡すか。これを考えることで、人生を俯瞰することができるはずです。

皆さんが、一生問い続けられる強度を持った、素晴らしい座右の問いに出合えますように。

2023年1月

伊藤東凌

「十牛図」
⑩入鄽垂手 にってんすいしゅ

伊藤東凌

Toryo Ito

臨済宗建仁寺派
両足院副住職

1980年生まれ。建仁寺派専門道場にて修行後、2005年から両足院での坐禅指導を担当。現代アートを中心に領域の壁を超え、伝統とつなぐ試みを続けている。アメリカFacebook(当時)本社での禅セミナーの開催やフランス、ドイツ、デンマークでの禅指導など、インターナショナルな活動も。20年に心を整えるアプリ「InTrip」をリリース。20~22年にグローバルメディテーションコミュニティ「雲是」を主宰。海外企業のウェルビーイングメンターや国内企業のエグゼクティブコーチも複数担当する。

忘我思考

一生ものの「問う技術」

2023年2月13日 第1版第1刷発行

著者 伊藤東凌
発行者 佐藤珠希
発行 株式会社日経BP
発売 株式会社日経BPマーケティング
〒105-8308 東京都港区虎ノ門4-3-12
ブックデザイン 三森健太(JUNGLE)
本文デザイン 但野理香(ESTEM)
構成 手代木建
イラスト 伊野孝行
編集 市川礼子(日経xwoman編集部)
印刷・製本 図書印刷

ISBN 978-4-296-20147-1
本書に関するお問い合わせ、ご連絡は左記にて承ります。
https://nkbp.jp/booksQA